山区高速公路拓宽填方路基不均匀沉降处置技术

朱宝林　梁世斌　何澄平　著

人民交通出版社股份有限公司
China Communications Press Co.,Ltd.

内 容 提 要

本书针对内蒙古地区的高速公路拓宽工程,包括京藏高速呼包段、呼和浩特绕城高速公路以及赤承高速公路等,根据内蒙古地区具体的土质条件、路基填土截面形式和填土高度,提出新旧路基差异沉降变形的规律、量值以及差异沉降控制的方法、标准,为内蒙古地区其他相关工程的设计、内蒙古地区高速公路拓宽工程的相关土工参数的建立提供可靠参考。

图书在版编目(CIP)数据

山区高速公路拓宽填方路基不均匀沉降处置技术/朱宝林,梁世斌,何澄平著. —北京:人民交通出版社股份有限公司,2019.12

ISBN 978-7-114-15524-6

Ⅰ. ①山… Ⅱ. ①朱… ②梁… ③何… Ⅲ. ①山区道路—高速公路—公路路基—路基沉降—研究 Ⅳ. ①U418.5

中国版本图书馆 CIP 数据核字(2019)第 079827 号

书　　名: 山区高速公路拓宽填方路基不均匀沉降处置技术
著 作 者: 朱宝林　梁世斌　何澄平
责任编辑: 朱明周
责任校对: 赵媛媛
责任印制: 张　凯
出版发行: 人民交通出版社股份有限公司
地　　址: (100011)北京市朝阳区安定门外外馆斜街 3 号
网　　址: http://www.ccpress.com.cn
销售电话: (010)59757973
总 经 销: 人民交通出版社股份有限公司发行部
经　　销: 各地新华书店
印　　刷: 中国电影出版社印刷厂
开　　本: 787×960　1/16
印　　张: 9.5
字　　数: 185 千
版　　次: 2019 年 12 月　第 1 版
印　　次: 2019 年 12 月　第 1 次印刷
书　　号: ISBN 978-7-114-15524-6
定　　价: 65.00 元

编写委员会

前　言

面对日益增长的运力需求，在我国关于公路建设的方针“普及与提高相结合，以提高为主”的指导下，在原有公路的基础上进行改建拓宽成为解决这一问题最为合适的方法。拓宽工程虽然能有效解决交通运输压力，但已有拓宽工程中出现的大量病害给公路拓宽特别是高速公路拓宽工程带来了严峻的挑战。拓宽公路容易出现道路横坡比改变、路面结构破损、新旧路基结合处滑移、新旧路堤结合不良等病害，产生这些病害的根本原因为新旧路基的差异沉降。

本书是在总结作者多年来主持、参与交通运输部西部交通建设科技项目、全国各省份交通科技项目经验的基础上编写的。本书在内容方面力求实用，尽量做到理论与实践相结合；在内容编排上，尽量做到由浅入深。本书提出了适合内蒙古山区高速公路拓宽工程新路基的处理方式以及符合内蒙古实情的高速公路工后差异沉降控制标准，为内蒙古其他相关工程的设计提供可靠参考。

本书在编写过程中得到了内蒙古自治区交通运输厅科技处、内蒙古高等级公路建设开发有限责任公司、内蒙古交通设计研究院有限责任公司的支持和帮助，在此向他们表示衷心的感谢。在编写过程中，参考了许多专家、学者的著作和研究成果，在此也向他们表示衷心的感谢。

由于本书以内蒙古地区的高速公路改扩建工程为依托，在所涉及内容的完整性方面可能有所欠缺，加之作者的水平有限，书中的错误与不妥之处在所难免，敬请读者批评指正。

本书的编写及出版得到了“交通运输行业高层次技术人才培养项目”的经费资助。

作　者

2019年4月

目　　录

第1章 绪　　论

1.1 引　　言

1.1.1 试验背景

改革开放以来,我国公路建设发展迅速,截至2008年,建成通车的各级公路里程总计已达到181万km,但由于受到认识局限性的限制,对我国社会经济增长速度的预计值偏低,建成通车的高速公路仅有7万多km,占公路总里程数的比例不到1%,已经不能满足运力增长的需求。根据原有相关规划,到2030年,新建的高速公路将达到8万km,仅比2008年增加不到1万km,远不能满足运力增长的需求。并且,新建公路不仅成本过高,荒废旧有公路,还会占用大量耕地。综合考虑各方面因素,在我国关于公路建设的方针——“普及与提高相结合,以提高为主”——的指导下,在原有公路的基础上进行改建成为解决这一问题最为合适的方法。改建包括两个方面:一是提高旧有公路的等级,将旧有的低级公路改建成运力更大的高速公路;二是在原有高速公路的基础之上进行拓宽,增加运行车道。

内蒙古自治区土地面积118.3万km^2,截至2007年,全区公路总里程已经达到13.8万km,但其中高速公路仅有1879km,占全区公路总里程数1.3%,严重地制约了内蒙古地区的经济发展速度,对现有公路进行改建已经刻不容缓。从2008年开始,内蒙古地区有数段公路陆续开工改建,现已通车的有110国道兴和至集宁至呼和浩特段、京藏高速公路呼包段改扩建工程北幅;在建及将建的项目有京藏高速公路呼包段改扩建工程南幅、赤承高速公路等。并且,改扩建的公路项目还在继续增多,公路的改建已经成为内蒙古公路建设的重要组成部分。

赤承高速公路拓宽工程是国家高速公路网大庆至广州高速公路(G45)的重要

组成部分。其中,内蒙古赤峰市域线路,北连在建的赤朝高速公路,接已建成通车的赤通、赤大高速公路,南连河北承德市域隆化县茅荆坝,线路长100.58km。原有锦山至茅荆坝公路全长67.0km(K42+204~K102+910),按旧规范山岭重丘区一级公路标准设计,计算行车速度60km/h,路基宽度20m,双向四车道;拓宽后在原有基础上两侧加宽至26m,改为双向六车道,全封闭、全立交,计算行车速度100km/h。锦山境内地质条件为山前坡冲洪积斜地区以及中低山,沿途地质条件主要为山前坡洪积斜地地貌和中低山地貌,上覆地层为第四系全新统粉质黏土、卵石,揭露厚度在3~20m;地下水位在3~10m,地下水类型为HCO_3-Ca,水质良好,对混凝土无侵蚀性。部分路段存在非自重湿陷性黄土状粉质黏土,湿陷等级为二级,中等非自重湿陷性。

赤承高速公路沿线存在高填方、低填方、挖方等不同填筑类型,非自重湿陷性黄土分布广泛,冬季冻深1.5m,地基受冻胀效应影响明显,拓宽难度巨大。

1.1.2 拓宽产生的新问题

拓宽工程虽然能有效解决交通运输压力,但已有拓宽工程中出现的大量病害给公路拓宽特别是高速公路拓宽工程带来了严峻的挑战。拓宽公路容易出现道路横坡比改变、路面结构破损、新旧路基结合处滑移、新旧路堤结合不良等病害,产生这些病害的根本原因为新旧路基的差异沉降。

新旧路基差异沉降是指在道路拓宽工程中,新旧路基由于填筑时间、填筑材料、固结方式不同而引起的工后新旧路基的不同沉降。其产生的原因是:旧路经过多年的运营,其工后沉降已经趋于稳定,而新路基在新填路堤荷载及行车荷载的作用下将会产生沉降,在新填路堤荷载作用下新旧路基变形规律如图1-1所示。可以看出,路基沉降由旧路中心向新路方向逐渐增加,最大沉降出现在新填路堤形心对应处,一旦新路基工后沉降得不到有效的控制,特别是对于软基,新、旧路基间将会产生较大的差异沉降,差异沉降表现为拓宽路面横坡比的改变,道路横坡比改变轻则影响道路使用舒适度,重则拉裂路面,威胁人身、财产安全[1-2]。因此对于拓宽工程,要将减小新旧路基工后差异沉降放在首位。

交通运输部科学研究院对道路拓宽工程因新旧路基差异沉降所造成的破坏进行了调研,其调研结果见表1-1。从表中不难看到,一旦差异沉降不能得到有效控制,将会严重地影响公路的正常使用。

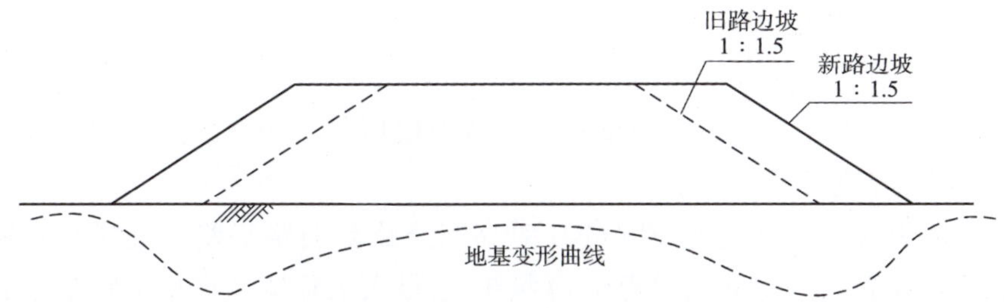

图1-1 拓宽地基变形曲线

新旧路基差异沉降对公路拓宽改建工程的危害 表1-1

公路名称	新旧路基差异沉降造成的破坏
万梁高速公路（万县～梁平段）	沥青混凝土路面为主，公路建成通车2年左右，部分路段结合部发现纵向裂缝，特别是半幅拓宽部分为桥梁结构路段
重庆市南山旅游公路	水泥混凝土路面，部分路段结合部路面中缝、外侧路肩和路面交界处的边缝出现较宽的裂缝，并伴有大幅度的横向错台，长度为60～70m
重庆市区滨江路（南岸）	沥青混凝土路面，裂缝虽经修补封闭，但从现场仍可清晰辨出因新旧路基（或半填半挖）差异沉降引起的大规模纵向开裂，裂缝宽度多数达3cm以上，由于道路断面较宽，在同一断面内常出现2条以上纵向裂缝，病害最重处长度绵延近1km
巴南区南东路	水泥混凝土路面，两处结合部发现有大规模纵向裂缝，水泥混凝土路面面层断裂，裂缝扩展到5～8cm宽，并有横向错台
重庆铜永路	水泥混凝土路面，结合部发现两处大规模纵向裂缝，板块断裂，道路横坡出现变化，裂缝宽度在2～5cm，伴有横向错台
国道316线（安康段）	1998年进行扩建改造为沥青混凝土路面，在某桥头接坡处拓宽路基结合部处置采用开挖台阶、分层回填、控制压实度等措施，调查发现已出现多条纵向裂缝，缝宽为3～4mm，裂缝间距为30～50cm，路肩处有明显的下沉现象
安康至旬阳二级公路	2001年部分路段扩建为沥青混凝土路面，K4+500处左侧为挡土墙，右侧为填方，填土高度在10m左右。调查发现该段加宽处有明显的纵缝，硬路肩有明显的下沉，缝宽2～3cm，下沉3～5cm

1.2 国内外研究情况

针对拓宽工程中出现的新旧路基差异变形，国内外研究多集中在新旧路基的变形特性以及如何减小新旧路基差异变形。

1.2.1 差异沉降变形特性

很多国内外的学者通过室内试验结合数值模拟的方法对旧路拓宽工程中新旧路基的差异沉降变形进行分析。

唐朝生、刘义怀[3]等运用FLAC3D对高速公路新旧路基差异沉降变形特性进行分析,表明拼接部位是拓宽公路的薄弱部位,最大沉降发生在拓宽路基形心位置下方,采用台阶拼接可以减少差异沉降。

傅珍、王选仓、陈星光[4]等通过有限元模拟,表明拓宽路基的差异沉降呈"～"形,并且在条件相同的情况下,双侧拓宽的差异沉降小于单侧拓宽;地基土承载力越低,填土高度越高,差异沉降越明显。

蒋鑫[5]等依托工程实践,利用有限元模拟分析了高速公路拼接段的沉降变形规律,比较了拓宽方式和路基土模量对路基变形的影响。

1.2.2 高速公路拓宽工程处置措施

高速公路拓宽工程的处置措施可以分为控制新旧路基差异沉降和结合部处理两类。其中控制新旧路基差异沉降的措施包括减轻新建路基自重的方法(如轻质路堤),以及提高地基抗变形能力的方法(主要是采用各种地基处理方法)。

1)轻质路堤

减小地基上覆荷载可以有效降低新旧路基的差异沉降。国内外均主要采用轻质材料替代传统的路堤填筑材料以减小地基上覆荷载,EPS材料是最为常用的轻质材料的一种。EPS(expanded polystyrene,发泡聚苯乙烯)是聚苯乙烯颗粒经发泡之后形成的块体材料,在成型过程中颗粒膨胀形成了许多均匀的封闭空腔,这种结构决定了EPS具有轻质、耐压、耐水等诸多优良的工程特性,其密度是土石混合材料的1/90,并且具有自立性、侧向变形很小的特点,对于消除在软弱地基上修筑路堤时产生的差异沉降有显著效果[6]。

美国实施的NCHRP计划中,使用EPS轻质材料进行软弱地基路堤的填筑,以减小软弱地基上覆荷载从而减小路基沉降[7]。挪威、法国、英国等多国制定了EPS轻质路堤的设计规范,但是EPS材料造价较高,对于公路路堤这种对材料量需求很大的工程而言,会大幅提高工程造价。

国内从1994年起便展开了对EPS轻质路堤的研究。1994年浙江省交通规划设计院率先在宁波跨线路堤上应用这一技术,通车近20年后,使用情况良好。通过对试验、设计和施工各个环节的研究，编制了《泡沫塑料路堤施工技术暂行规定》[8]。

鲁水涛[6]等结合沪宁高速公路拓宽工程，采用EPS轻质材料替代传统的土石混合材料作为路堤填筑材料，实践证明，在软土地基上采用EPS进行路堤的拼接施工，不仅能改善和减小差异沉降，防止纵向裂缝的发生，同时还提高了地基的抗滑稳定性，防止地基的破坏。

但总的来说，由于EPS材料造价较高，对于填筑材料需求量极大的高速公路拓宽工程而言，尽管采用EPS材料能够取得良好的处理效果，但同时也会大大增加工程造价，故除桥头拼接段会考虑采用EPS材料替代土石混合料之外，其他路堤位置大多还是使用传统的土石混合材料进行填筑。

除了EPS材料之外，孙四平等[9]对301国道大庆—齐齐哈尔公路加宽工程现场观测资料分析表明，采用粉煤灰轻质填料也能显著降低新旧路堤的差异沉降。

2)地基处理

当地基承载力不足、压缩模量过小时，在上覆荷载作用下，地基会产生很大的沉降变形。通过加固拓宽部分路基，提高路基承载力及变形模量，可以减少新旧路基的差异沉降。由于高速公路拓宽工程一般工期比较紧，而且多数情况下要保持正常的交通，所以施工场地狭窄。为了保证拓宽以后新旧路基的差异沉降不过大，要考虑不同路段的地质情况、路堤填筑高度、拓宽宽度等因素，兼顾工期、施工难度、加固效果、工程造价等多方面问题，选择经济、快速、有效的地基处理方法。

日本道路协会建议公路单侧拓宽[10]，在拓宽路堤路肩处竖向打入一定深度的板桩，或者通过在新路堤地基部分设置挤密砂桩、石灰桩等复合地基来减小新路堤的沉降量。但试验证明，单侧拓宽较之双侧拓宽更容易发生因差异沉降而产生的病害。

稽如龙[11]等根据软土地基上道路拓宽出现的不均匀沉降和路面裂缝等病害，从软土地基沉降入手，结合软土地基处理、新旧路基结合部位处理等进行分析研究，通过高、低路堤试验路段的实践，提出比较合理的路基拓宽处理方法。

贾宁、陈仁朋、陈云敏[12]等结合杭甬高速公路拓宽工程，采用排水板法处理拓宽路基，通过实测结果结合理论分析，提出了拓宽路基沉降分布规律，并提出对于拓宽路基而言，应以工后沉降作为质量控制标准。

任文宏[13]依托广佛高速公路拓宽工程，利用粉喷桩处理拓宽部分软土路基，证明粉喷桩能够有效提高地基的承载力，协调新旧路基的变形，有效防止因新旧路基差异沉降而产生的路面破坏。

3）结合部处理

除了上述两种方法之外，叶闪、兰守奇、桂炎德[14-17]等认为除了新旧路基固结情况、填筑材料等因素可能引起新旧路基的差异沉降之外，新旧路基结合部处置不合理也会引起新旧路基的差异沉降。针对新旧路基结合部，现有研究采取的处理方式有以下几种。

（1）削坡和开挖台阶

通过对旧路边坡削坡，可以去除旧路边坡上的不良土层，增强新旧路基的结合。高翔用有限元方法模拟不同削坡方式和开挖顺序对新旧路基的影响，研究表明，变坡度削坡比等宽度削坡对旧路基表面横坡比的影响较小[18]。

将旧路边坡经过削坡之后开挖成一定高宽比例的台阶，有利于新旧路基的良好结合。美国普渡大学 Richard J. Desehamps 等通过对非软土地基上 5 条加宽道路的调查后指出，台阶的竖直高度不宜超过 1.5m[19]。我国在拓宽工程中边坡开挖台阶的高度控制在 0.8 ~2.0m。

（2）土工加筋材料

加筋土理论是 20 世纪 60 年代法国学者 Henry Vidal 创立的，最初主要用于支挡结构，后来发现这种技术对于地基加固也有良好的工程效果。加筋垫层作为一种浅层地基处理方法，能较好地均化地基应力，减小不均匀沉降。同时，还可约束地基的侧向变形，改善地基内的应力分布，提高地基的稳定性，并在一定程度上减小地基的最大沉降量。国内外的许多工程实例表明，这种处理方法具有施工简便、造价低、工期短、效果良好等优点。

在高速公路拓宽改建工程中，往往采用道路拓宽部分铺设土工格栅的方法，以此来减小扩建道路路面因路基差异沉降导致的破坏。C. C. Huang、F. Y. Meng、Binquent 等都基于自己的试验提出了关于加筋体对地基承载力提高的幅度的计算方法，但多针对性明显或缺乏大尺寸模型的验证。Juha Forsman 利用有限元程序结合现场试验，证明土工合成材料可以有效降低路堤自重引起的水平应力，减小水平位移，有效防止路面开裂[20]。朱湘通过计算，提出土工格栅加筋可以减小路堤的均匀和不均匀沉降，并能增加路堤的稳定性[21]。汪益敏通过室内模型试验，研究了新旧路基差异沉降作用下土工格栅加筋拓宽路堤填土的工作性状，证明新旧路堤结合处的土工格栅受力最大；在加筋拓宽路堤顶层和底层加铺土工格栅，可以有效减小路堤顶荷载作用下的路堤填土沉降变形,在加铺两层土工格栅的情况下,最多可以减少48%的沉降[22]。除了土工格栅这类平面无抗弯能力的土工加筋材料,土工格室也是常用的一种土工加筋材料。土工格室的原理最初来源于美国工程师团(Army Corps of Engineers)提出的利用蜂巢体系提高地基承载力的概念[23]。土工格室最初应用于提高地基承载力,利用土工格室侧壁的摩擦力和限制力,不仅增加了土体的围压,还使之获得了"准黏聚力"[24]。关于土工格室承载力的计算,R. M. Koerner根据极限承载理论提出了计算公式,但未考虑土工格室侧壁的摩擦力作用[25];王协群、王陶然等在其基础之上改进土工格室承载力计算方法,更加符合土工格室实际受力状态[26]。

1.2.3 国内相关规范规定

在设法减小新旧路基差异沉降方面,《公路路基设计规范》(JTG D30—2015)、《公路路基施工技术规范》(JTG/T F10—2006)等相关规范建议采用的方法包括:

①软基处理,通过增强不良路基的承载能力,改善不良路基的性能,减小新拓宽路基的沉降。

②将旧路边坡开挖成台阶,清除旧路边坡上的腐殖土、杂质,保证新旧路基的良好结合,减小新旧路基的差异沉降。

③保证新拓宽路基的压实度,填方路基把规范规定的90%压实度区提高到93%,93%区提高到95%,95%区提高到96%;路堑路床底压实度要求达到96%以上。对填料的含水率进行较为严格的控制,对于含水率过大的土,一般要求进行掺石灰处理,以降低其含水率,达到最佳含水率,取得最佳的压实效果。同时各加宽工程均要求采用重型压路机或冲击压路机等重型压实机械进行碾压,并对关键部位(如新旧路基结合部)采用强夯方法,对压路机压不到的部位使用高效小型压实设备进行碾压,并严格控制碾压均匀性及压实度标准。

④当填筑路堤超过3m时,采用土工加筋材料来减小新拓宽路基的沉降,限制新拓宽路基的侧向位移,减小路基中的应力集中,降低新旧路基的差异沉降。

⑤拓宽工程工后横坡比改变不大于0.5%。

规范中大部分控制标准沿用传统新建公路的控制标准,特别是软基处理多借用民用建筑领域的处理方法及控制标准,拓宽路基沉降控制标准也多沿用新筑路基控制标准,部分处理方法缺少更为深入的理论研究。

1.2.4 非自重湿陷性黄土研究现状

上述研究结果针对软土地基,对于非自重湿陷性黄土地基缺乏广泛的适用性。非自重湿陷性黄土湿陷变形具有突发性、不连续性以及不可逆性[27]。因此,在非自重湿陷性地基土上拓宽公路,如果不考虑黄土湿陷效应的影响,将会产生因湿陷沉降而引起的新旧路基的差异沉降。

对于黄土本构模型的研究,Rogers 从强度观点出发给出了非自重湿陷性黄土的变形机理假说,但由于黄土的非自重湿陷性变形具有突发、不连续等特性,从强度观点出发研究黄土的本构关系不如从稳定性观点出发切合本质[28];苗天德等基于微结构突变失稳假说,将体积非自重湿陷性与剪切湿陷统一到同一个突变模式,给出了黄土湿陷变形的一个完整的本构关系,但依然不能完全解释黄土的湿陷变形特性[29]。

对于黄土地基,工程上多采用强夯、置换、复合桩基等方法进行处理[30]。邹立华、赵建昌等通过观测振动强夯过程中黄土地基的变形规律,指出振动法处理黄土地基的有效深度为 1 ~3m,并且当单击夯击能较大时,会产生黄土振陷,强夯法能达到的有效处理深度有限[31]。冯志焱、林在贯等发现采用 DDC 法处理湿陷黄土地基,可以有效改善深层黄土的非自重湿陷性,为处理深厚湿陷黄土提供新的思路[32]。李华明、张忠等依托郑西专线,证明灰土桩能够有效改善黄土的湿陷效应,并且与土工加筋材料组成桩网复合体,较传统的灰土桩更为有效[33]。邵生俊、于清高等建议根据黄土层的厚度、地下水位的高度、降水量等不同条件采取不同的浅层阻水、浅层排水、浅层防水等浅层处理方式,这是处理黄土地基的一种新方式,但却缺乏工程应用[34]。

1.3 新旧路基协同沉降标准

公路填方高度是按照设计标高进行填筑的。公路拓宽工程中,新旧路基工前差异沉降可以通过填土来找平,而工后新旧路基是否协同沉降直接关系到公路是否能正常工作。一旦拓宽路基发生较大的工后沉降,将会造成路面横坡比的改变,轻则影响道路使用舒适度,重则拉裂路面,造成安全隐患。

高速公路工后沉降控制标准的研究落后于工程实践。对于低等级公路,刘汉清、曾国东[35-36]通过对二级公路加宽工程计算,采用工后道路横坡比变化作为控制标准,认为工后道路横坡比变化应小于0.3%。但是该标准过于严格,会大大增加工程造价。对于高速公路,沈大高速公路拓宽工程课题组提出工后沉降应小于8cm,但并没有考虑到不同拓宽宽度对于工后沉降的控制标准应该不一样。沪宁高速公路拓宽课题组[37]提出工后路堤中心与新路肩的横坡比变化应小于0.5%,但并没有考虑到随着填方高度的不同,最大沉降量不一定发生在新路肩处。此外,陈星光、Ling J. M.[38-39]等认为拓宽道路工后横坡比变化小于0.4%时不会对路面结构层造成影响。

《公路路基设计规范》(JTG D30—2015)建议高速公路拓宽工程工后横坡比增大小于0.5%,但公路路基设计规范主要参考软基地区公路拓宽工程研究成果制定,缺乏广泛的适用性。

1.4 本研究主要工作与研究方法

上述对新旧路基差异沉降变形特性和控制方法的研究,主要是利用数值模拟方法给出特定条件下新旧路基差异沉降变形的定性规律,针对特定的道路拓宽方式和特定的土质条件介绍了地基处理的经验。相关研究中未见针对内蒙古山区具体的土质条件、路基填土截面形式和填土高度的新旧路基差异沉降变形规律、量值以及差异沉降控制的方法和标准。

本研究的主要目标是提出适合内蒙古山区高速公路拓宽工程新路基的处理方式以及符合内蒙古实情的高速公路工后差异沉降控制标准,为内蒙古其他相关工程的设计提供可靠参考。

本研究首先根据试验公路地质条件、拓宽方式、填(挖)方情况设计相应的路基处理方式,然后采用分层沉降仪、测斜仪、孔隙水压力计、柔性位移计、沉降板等原位监测手段对路基的变形进行监测,最后根据现场测试结果对比分析出最适合内蒙古山区高速公路拓宽工程新路基的处理方法,采用实用计算法、实测沉降资料推算法计算新路肩对应处地基的最终沉降。

第2章　山区高速公路拓宽填方路基的不均匀沉降处置技术试验研究

2.1　工程概况

大庆至广州高速公路赤峰至茅荆坝(蒙冀界)段(赤承高速公路)是大广高速公路内蒙古境内的南段,是内蒙古自治区高速公路网的组成部分,也是《东北地区振兴规划》中跨区域交通基础设施建设的规划项目之一。其北接在建的平庄(辽蒙界)至赤峰高速公路,进而接已建的通辽至赤峰、赤峰至大板高速公路,南接河北省拟建的茅荆坝(蒙冀界)至承德高速公路,进而接已建的京承高速公路、在建的承(德)唐(山)高速公路,与相关公路共同构成蒙东地区入关、进京、出海的便捷公路通道及东北地区与华北地区联系的又一快速通道,在国家、区域和内蒙古自治区高速公路网中居重要地位。

赤承高速公路路线全长100.58km,计算行车速度100km/h,路基宽度26m,路基标准断面如图2-1所示。K42 + 204 ~ K102 + 910旧路改造加宽段,充分利用原S206一级公路线位,两侧加宽改造为高速公路,此段即为本试验所依托的工程段。

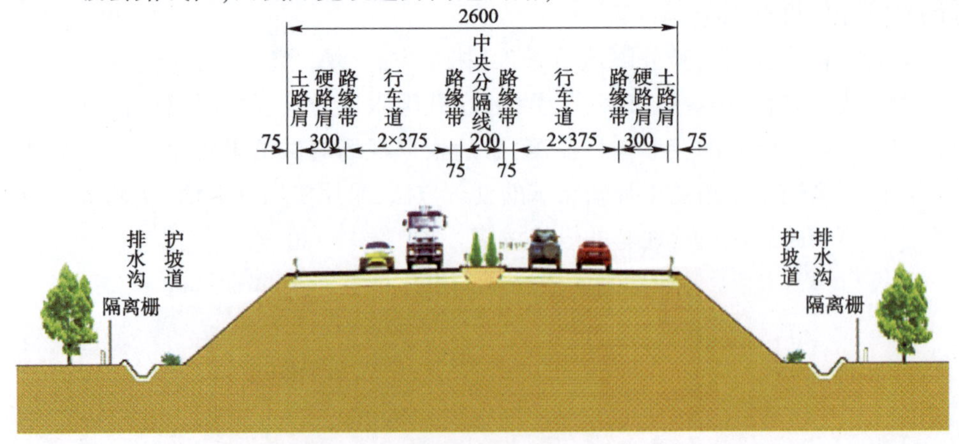

图2-1　路基标准断面(尺寸单位:cm)

2.1.1　地形地貌

依托工程所在地区地貌类型相对简单，属于七老图山脉中低山地，地貌以侵蚀的中山为主，海拔均在 1000 ~ 1200m 甚至更高，不少山峰超过 1700m。谷坡坡度大，一般达 30° ~ 47°，山势陡峻，形成中山景观。基岩大部分为喷出岩和花岗岩，喷出岩位于锡伯河上游谷地两侧，多粗面岩、安山玄武岩和凝灰岩等。沿线地势西高东低，土质多为山坡坡积土，以黄土类粉质亚砂土为主，局部路段为河沟洪积冲积层，以砂砾为主，部分段落存在非自重湿陷性黄土。

2.1.2　水文地质情况

依托工程沿线地下水的赋存与分布，主要受地质构造、地貌、岩性、气候和古地貌条件的控制。根据项目区地下水的赋存方式和水力学特征，可分为基岩裂隙水、松散沉积物孔隙水两种类型。埋深 1.2 ~ 3.0m。

2.1.3　气候条件

依托工程所经地区属半干旱季风气候区。极端最高气温 42.5℃，月平均最高气温 31.8℃，极端最低气温 -31.4℃，月平均最低气温 -20.9℃。年降水量 300 ~ 500mm，多集中于 6 ~ 8 月，年平均降水量为 450mm。依托工程所经地区冰冻深度为 1.6m。10 月初开始封冻，10 月下旬至 11 月下旬开始降雪，翌年 4 月解冻。

赤峰地区独特的非自重湿陷性黄土地质、较高的地下水位以及冬季寒冷的气候给拓宽工程带来很大的困难，如果不加以处理，表层黄土湿陷沉降以及地基土冻胀效应均会带来新旧路基的差异沉降。

2.2　试 验 方 案

为了探寻能够有效减小内蒙古山区公路拓宽工程新旧路基工后差异沉降的处理方法，在赤承高速公路锦山域内选取了 9 个试验段，涉及合同段 K42 ~ K66，包括了赤承高速公路拓宽工程中所出现的各种不同扩宽方式，通过对比不同处理方式减小新旧路基差异沉降的效果，为内蒙古地区公路拓宽工程处理提供参考。

试验将影响新旧路基差异沉降的主要因素分为地质条件、填/挖方类型、填方高度。为了减小新旧路基间的不均匀沉降，针对不同的影响因素采取了不同的路基处理方式。各试验段桩号、影响因素见表 2-1。

试验段影响因素　　表 2-1

<table>
<tr><th>序号</th><th>桩　号</th><th>拓宽方式、填方高度</th><th>路段地质情况</th><th>处理路段长（m）</th></tr>
<tr><td>1</td><td>K42 +900 ~ K43 +000</td><td rowspan="4">双侧拓宽，填方高度 2m</td><td rowspan="3">非自重湿陷性黄土（浅层），湿陷等级Ⅰ级，轻微非自重湿陷性</td><td rowspan="9">100</td></tr>
<tr><td>2</td><td>K43 +000 ~ K43 +100</td></tr>
<tr><td>3</td><td>K43 +300 ~ K43 +400</td></tr>
<tr><td>4</td><td>K55 +300 ~ K55 +400</td><td>非自重湿陷性黄土（厚层），湿陷等级Ⅱ级，中等非自重湿陷性</td></tr>
<tr><td>5</td><td>K48 +500 ~ K48 +600</td><td rowspan="2">双侧拓宽，填方高度 6.5m</td><td rowspan="2">非自重湿陷性黄土（浅层）湿陷等级Ⅰ级，轻微非自重湿陷性</td></tr>
<tr><td>6</td><td>K48 +600 ~ K48 +700</td></tr>
<tr><td>7</td><td>K65 +600 ~ K65 +700</td><td rowspan="3">双侧拓宽，填方高度 2 ~ 3m</td><td rowspan="3">卵石下卧层，地基条件良好</td></tr>
<tr><td>8</td><td>K65 +950 ~ K66 +050</td></tr>
<tr><td>9</td><td>K66 +050 ~ K66 +150</td></tr>
</table>

正确估计各试验断面新旧路基的差异沉降变形，是确定相应断面地基处理方法和新旧路基接缝处置方法的基础。由于在旧路基荷载和运行荷载长期作用下地基土的物理力学性质的变化及其在地基中的分布规律没有可借鉴的研究成果和充分的测试数据；在不同路堤截面形式、路堤填筑高度以及土质条件下，在新拓宽路宽范围的路堤荷载和运行荷载作用下，新旧路基下的应力场和位移场的分布规律以及量值也没有可借鉴的研究成果，因此本研究采用有限元数值分析的方法，模拟新旧路基下应力场分布和差异沉降分布规律，初步估计新旧路基的差异沉降量值，为正确选择地基处理方案和新旧路基接缝处置方法提供依据。

采用由美国 HKS 公司开发、当今国际上最为先进的大型通用非线性有限元分析软件之一的 ABAQUS 软件。该软件可以胜任复杂结构的静态与动态分析，能够驾驭非常庞大的问题，可以模拟结构与材料高度非线性的影响，且使用方便，计算精度高。ABAQUS 具有十分丰富的单元库，分为多个种类，包括实体单元、壳板单元、薄膜单元、梁单元、杆单元、刚体元等，可以模拟任意实际形状。它的特长是计算不同材料、变化接触条件以及复杂荷载过程的非线性组合问题。岩土介质恰恰是具有非线性、非均质、不连续性的特殊介质,这就使 ABAQUS 成为国内外岩土工程界使用最普遍的有限元分析和计算软件。

采用 ABAQUS 软件建立二维平面应变对称有限元模型进行分析,地基采用 Drucker-Prager 模型。桩—土接触采用绑定接触,新旧路堤接触也采用绑定接触。网格划分时,地下水位以下采用孔隙流体应力属性,地下水位以上采用平面应变属性。

考虑路堤宽度以及软土层厚度,模型 M1、M4(M1、M2 即 Model 1、Model 2,以此类推)中的地基采用一个 60m×30m,旧路堤表面宽度 26m、高度 2m,旧路双面加宽 3m 的模型进行分析;模型 M5 中的地基采用一个 80m×30m,旧路堤表面宽度 26m、高度 6.5m,旧路双面加宽 3m 的模型进行分析;模型 M7 中的地基采用一个 60m×20m,旧路堤表面宽度 26m、高度 3m,旧路双面加宽 3m 的模型进行分析。

为了简化,对模型做如下基本假设:

①同一深度处土层为均匀连续并且为各向同性的。

②不考虑新路堤施工期间地下水位的变化。

M4、M5 中的桩单元主要作用是增加渗透性以及弹性模量,在计算中不考虑桩的自重。

边界条件:地基左右两侧 x 方向为固定约束,y 方向自由;地基表面不施加位移约束条件,为完全自由面;地基底部 x、y 方向都是固定约束,中间的地下水位线孔隙压力为零。

模型加载步骤如下:

①给地基加上荷载让其沉降,观测沉降值,然后进行地应力平衡,让其沉降变形值低于 1×10^{-7}。

②在第①步的基础上分层堆加旧路堤,一段时间后,加上路面行驶荷载 10kN,让其沉降稳定。

③在第②步的基础上(M4、M5 砂桩处理时先加上砂桩)分层堆加新路堤,然后让它逐层稳定。

④在第③步的基础上(M5 预压处理一段时间后撤掉预压荷载),加上路面行驶荷载(旧路堤加上 5kN 的行驶荷载,新路堤加上 10kN 的行驶荷载),此后让其沉降稳定,观测其沉降值。

在模型加载中,ABAQUS 提供了 STEP 模块用于模拟施工过程。此次模拟设计了多个 STEP 用于模拟施工加载,分别为 1 个 geo 和其他 soils(Transient),前者是用于重力与地应力平衡的荷载步,后者用于软土沉降固结分析的过程。

各断面计算参数如下:

- 1、2、3 断面地基

1、2、3 断面地基计算参数见表 2-2。

1、2、3 断面地基计算参数 表 2-2

断层(m)	弹性模量 E(kPa)	泊松比 μ	土粒相对密度	天然孔隙比	Drucker-Prager 参数		
					β	k	ψ
0 ~ 8	4500	0.40	2.69	1.00	40.0	1.0	0
8 ~ 20	8000	0.35	2.69	0.98	35.0	1.0	0
20 ~ 30	50000	0.30	2.69	0.95	28.7	1.0	0

旧路堤、新路堤:弹性模量 $E=67000\text{kPa}$,泊松比 $\mu=0.28$。

0 ~ 5m 渗透系数 $k=1\times10^{-6}$;5 ~ 30m 渗透系数 $k=1$。

对新路基下的 0.5m 垫层分别采用两种不同的刚度:

①垫层参数:弹性模量 $E=50000\text{kPa}$,泊松比 $\mu=0.30$,土粒相对密度 2.69,天然孔隙比 0.90,Drucker-Prager 参数:$\beta=28.7$,$k=1.0$,$\psi=0$。

②垫层参数:弹性模量 $E=100000\text{kPa}$,泊松比 $\mu=0.30$,土粒相对密度 2.69,天然孔隙比 0.90,Drucker-Prager 参数:$\beta=28.7$,$k=1.0$,$\psi=0$。

- 4 断面地基

4 断面地基计算参数见表 2-3。

4 断面地基计算参数 表 2-3

断层(m)	弹性模量 E(kPa)	泊松比 μ	土粒相对密度	天然孔隙比	Drucker-Prager 参数		
					β	k	ψ
0 ~ 20	4500	0.40	2.70	1.05	40.0	1.0	0
20 ~ 30	50000	0.30	2.69	0.95	28.7	1.0	0

旧路堤、新路堤:弹性模量 $E=67000\text{kPa}$,泊松比 $\mu=0.28$。

桩:弹性模量 $E=120000\text{kPa}$,泊松比 $\mu=0.20$。

0 ~ 5m 渗透系数 $k=1\times10^{-6}$;5 ~ 30m 渗透系数 $k=1$。

● 5、6 断面地基

5、6 断面地基计算参数见表 2-4。

5、6 断面地基计算参数　　表 2-4

断层(m)	弹性模量 E(kPa)	泊松比 μ	土粒相比密度	天然孔隙比	Drucker-Prager 参数		
					β	k	ψ
0 ~ 5	2500	0.40	2.69	1.00	40	1.0	0
5 ~ 20	8000	0.35	2.69	0.98	40	1.0	0
20 ~ 30	50000	0.30	2.69	0.95	28.7	1.0	0

旧路堤、新路堤:弹性模量 $E=67000\text{kPa}$,泊松比 $\mu=0.28$。

桩:弹性模量 $E=120000\text{kPa}$,泊松比 $\mu=0.20$。

0 ~ 5m 渗透系数 $k=1\times10^{-6}$;5 ~ 30m 渗透系数 $k=1$。

● 7、8、9 断面地基

7、8、9 断面地基计算参数见表 2-5。

7、8、9 断面地基计算参数　　表 2-5

断层(m)	弹性模量 E(kPa)	泊松比 μ	土粒相比密度	天然孔隙比	Drucker-Prager 参数		
					β	k	ψ
0 ~ 5	10000	0.35	2.69	1.00	35.0	1.0	0
5 ~ 12	50000	0.30	2.69	0.98	28.7	1.0	0
12 ~ 30	100000	0.30	2.69	0.95	28.7	1.0	0

旧路堤、新路堤:弹性模量 $E=67000\text{kPa}$,泊松比 $\mu=0.28$。

0 ~ 5m 渗透系数 $k=1\times10^{-6}$;5 ~ 30m 渗透系数 $k=1$。

2.3 计 算 结 果

对 1、2、3 号区段未经处理的旧地基在新路基施工前后进行数值模拟。新路基施工前在旧路堤作用下的应力分布见图 2-2,新路堤填土施工完成后的应力分布见图 2-3,工后路面荷载和运行荷载作用下的应力分布见图 2-4。

根据上述数值分析的结果汇总的各工况地面应力对比,见图 2-5。

新路基施工前在旧路堤作用下的位移分布见图 2-6,填土完成后 3 个月的沉降分布见图 2-7,工后路面荷载和运行荷载作用下 10 年的沉降分布见图 2-8。

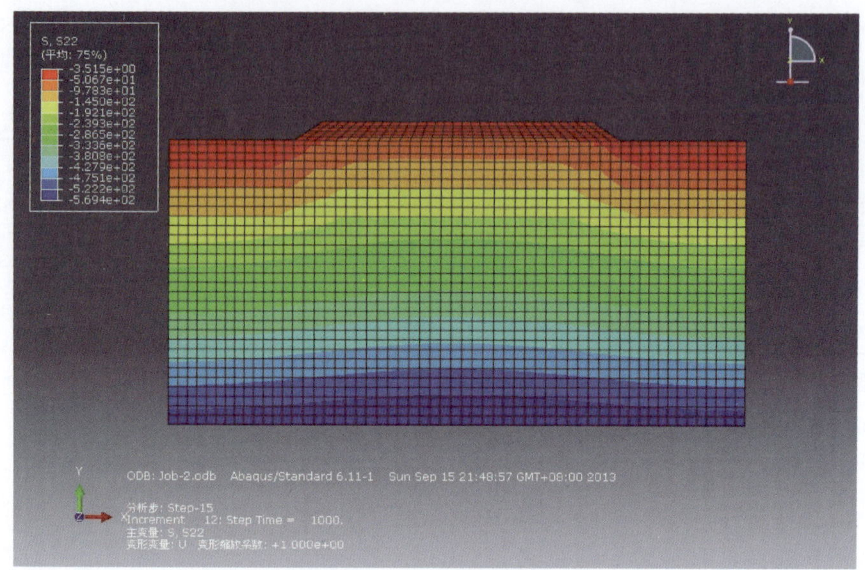

图 2-2 新路基施工前在旧路堤作用下的应力分布

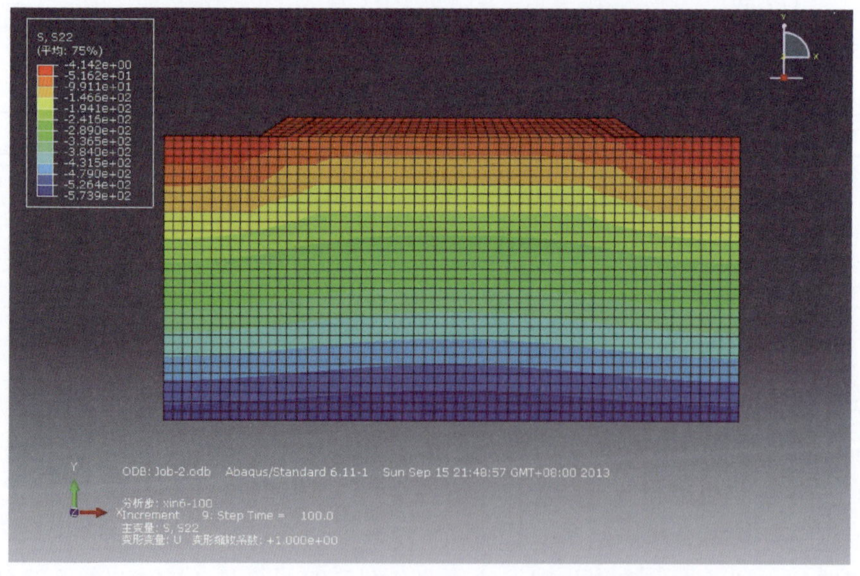

图 2-3 新路堤填土施工完成后的应力分布

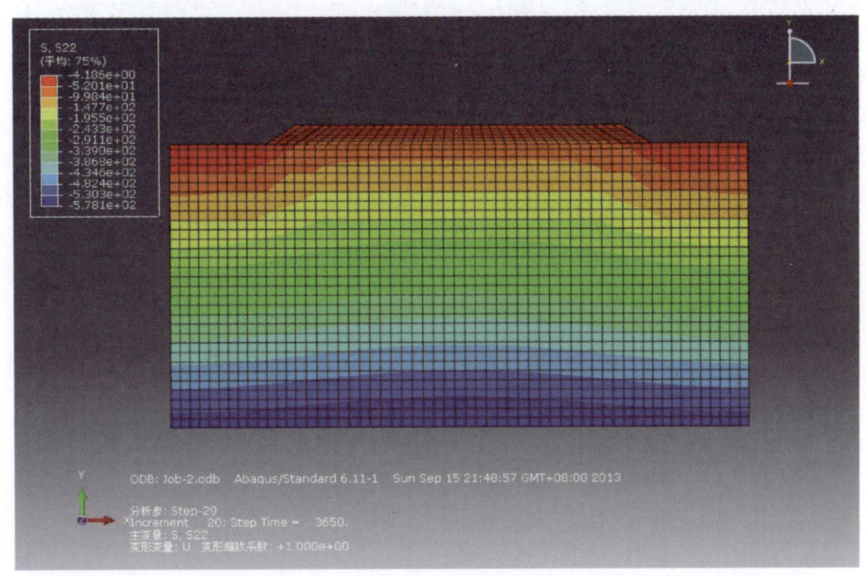

图2-4 工后路面荷载和运行荷载作用下的应力分布

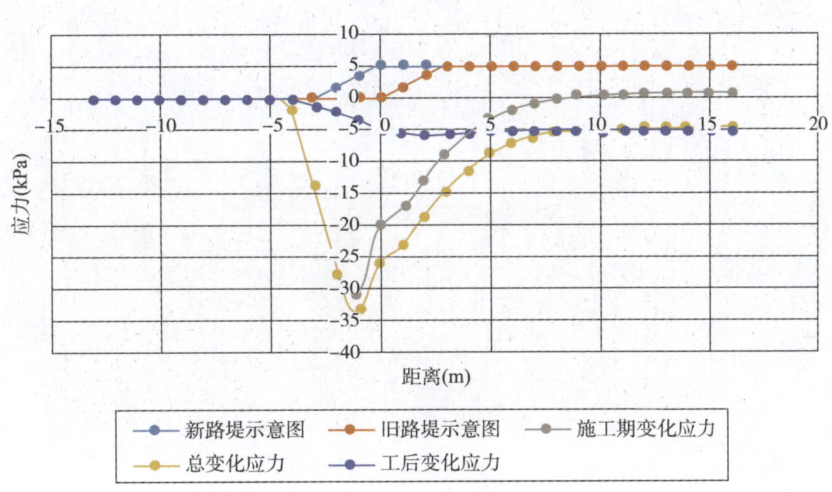

图2-5 1、2、3号区段各工况地面应力对比

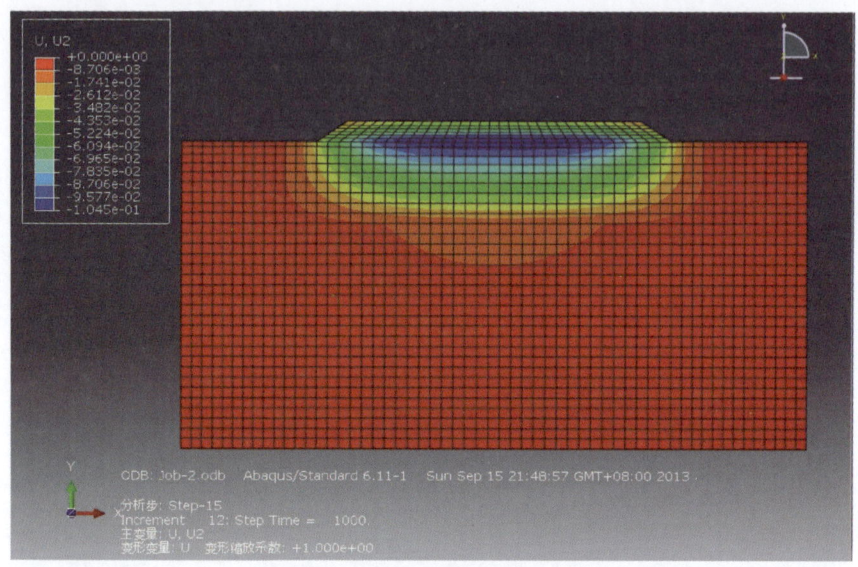

图 2-6　新路基施工前在旧路堤作用下的位移分布

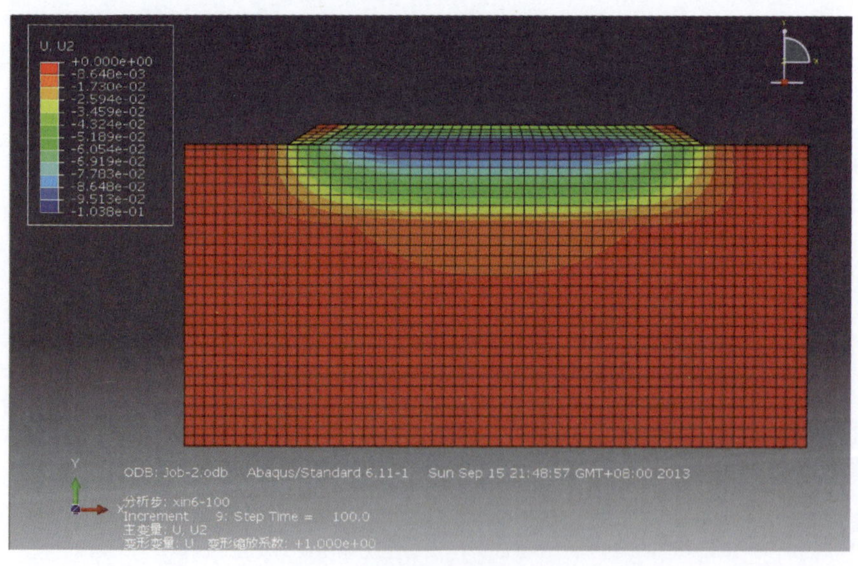

图 2-7　新路堤填土完成后 3 个月的沉降分布

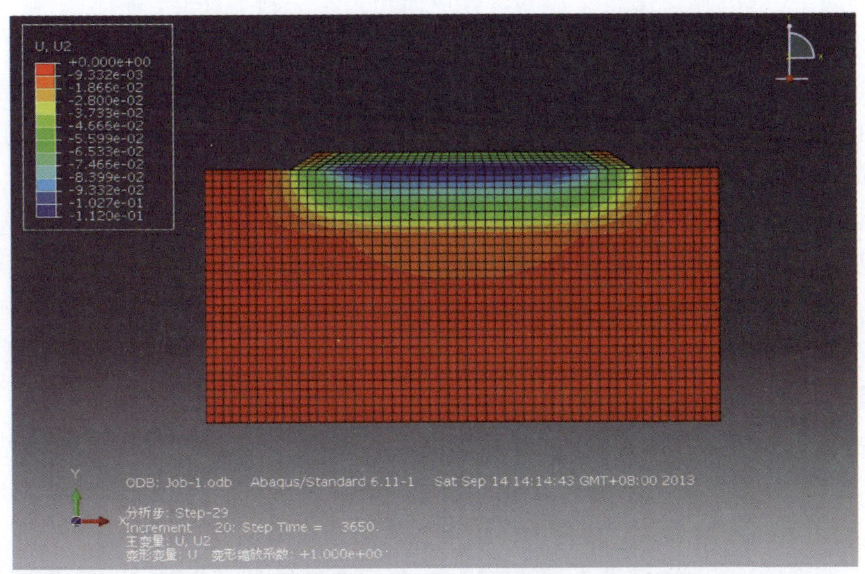

图 2-8　工后路面荷载和运行荷载作用下 10 年的沉降分布

根据上述数值分析的结果汇总的各工况各时段沉降对比图 2-9。

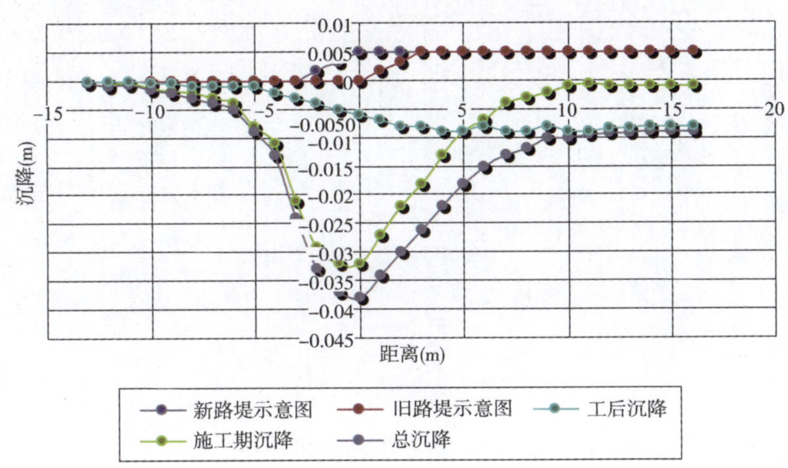

图 2-9　1、2、3 断面各工况地面沉降对比

从图 2-9 可见，对于 1、2、3 断面，在新建路宽填土荷载作用下产生的最大沉降发生在新路肩边处，最大值约 33mm，沉降量自最大值处向旧路中心逐步减小，沉降

曲线的曲率(或沉降变化梯度)不大,在该曲率下不会对旧路基结构产生显著不良影响。在新建路面荷载和运行荷载作用下产生的最大沉降值增加至约38mm,沉降量自最大值处向旧路中心逐步减小,沉降变化梯度进一步减小。工后沉降最大值约为10mm,发生在旧路基中部,新路肩处工后沉降为5mm,旧路肩处工后沉降为约8mm。

由于新建高速公路不再利用旧路按一级公路设计的路面结构,该施工过程以及工后沉降产生的横坡比满足规范要求,不会对新建路面结构产生破坏作用。因此对该断面不做地基处理,仅对路基的0.5m浅层采用当地常用的3种不同的处理方式进行效果对比。这种浅层处理不会对地基的深层沉降产生显著影响。

对4号区段未经处理的旧地基在新路基施工前后进行数值模拟,新路基施工前在旧路堤作用下的应力分布见图2-10,新路堤填土施工完成后的应力分布见图2-11,工后路面荷载和运行荷载作用下的应力分布见图2-12。

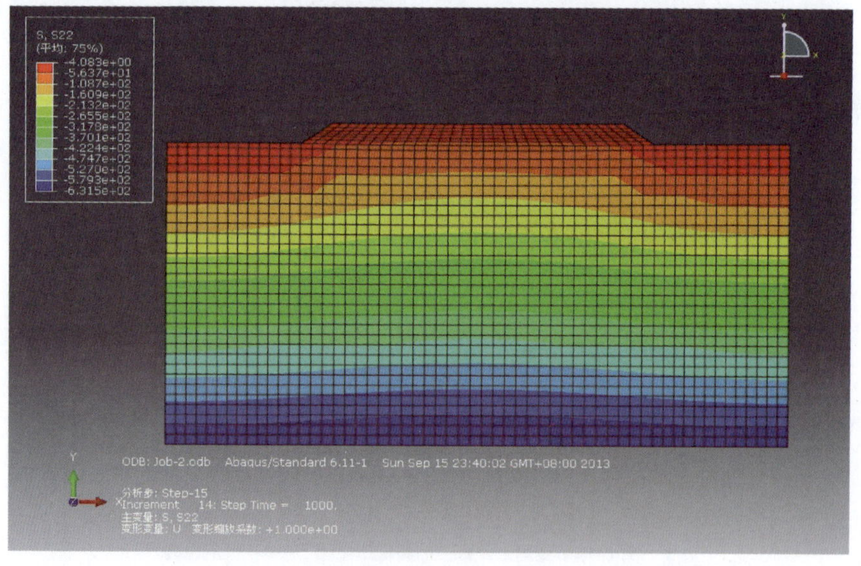

图2-10 新路基施工前在旧路堤作用下的应力分布

图2-13~图2-15是沉降位移,其中,图2-13是新路基施工前在旧路堤作用下的位移分布,图2-14是填土完成后3个月的沉降分布,图2-15是工后路面荷载和运行荷载作用下10年的沉降分布。根据上述数值分析的结果汇总的各工况地面沉降对比见图2-16。

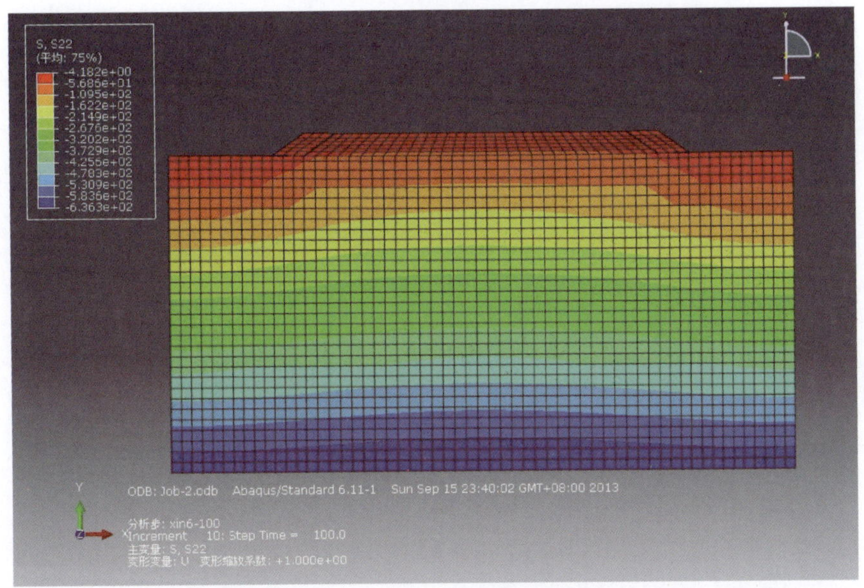

图 2-11　新路堤填土施工完成后的应力分布

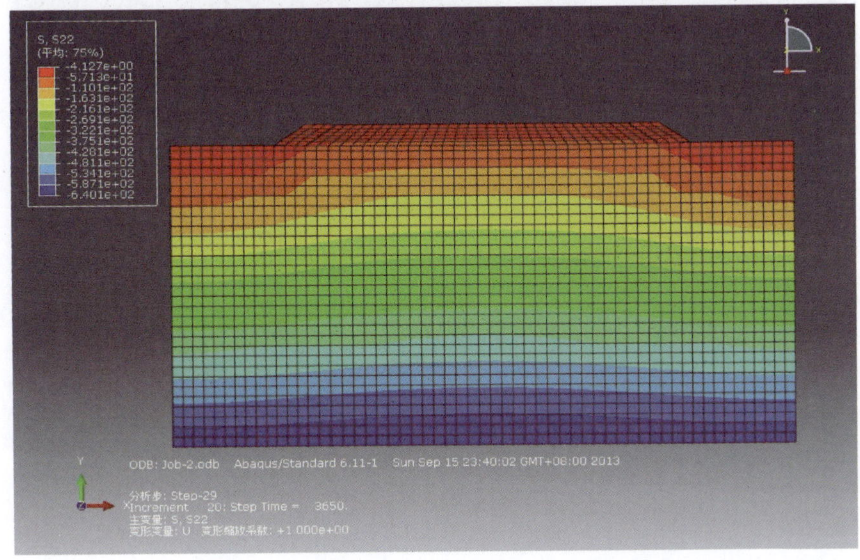

图 2-12　工后路面荷载和运行荷载作用下的应力分布

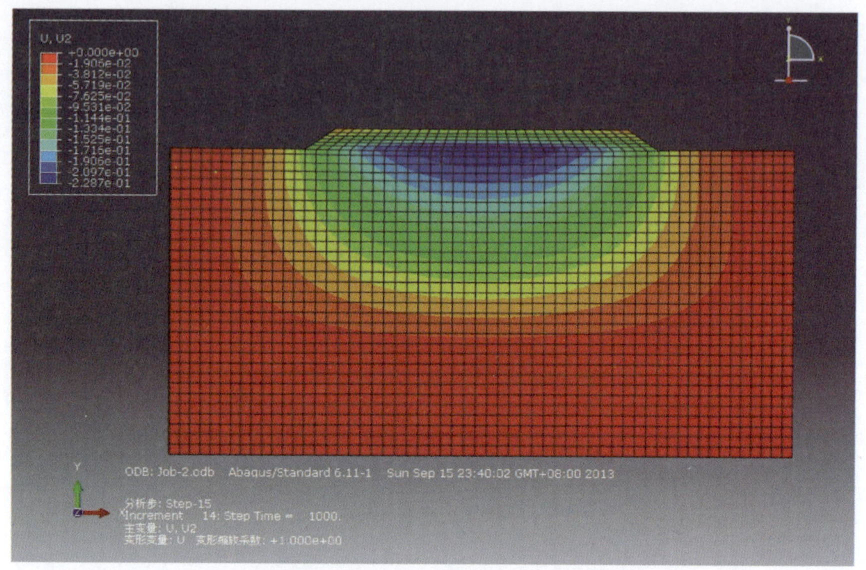

图 2-13 新路基施工前在旧路堤作用下的位移分布

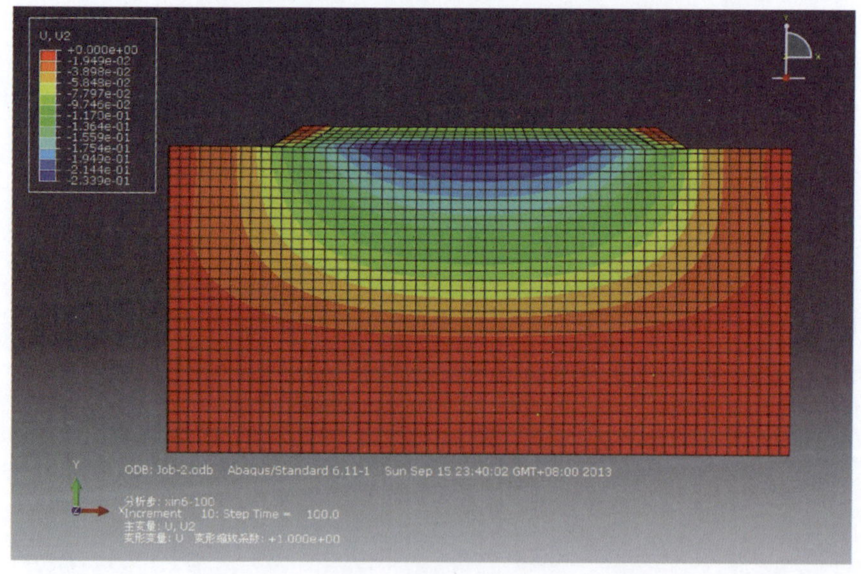

图 2-14 新路堤填土完成后 3 个月的沉降分布

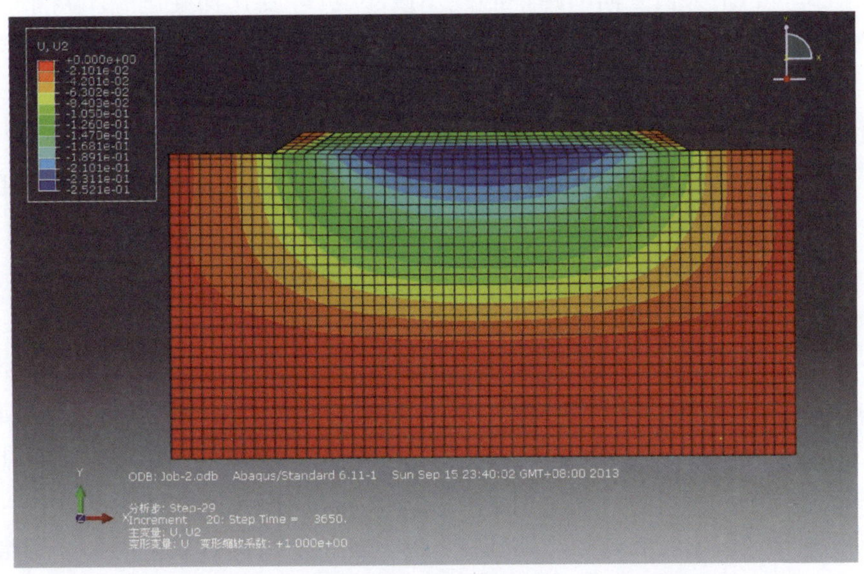

图 2-15　工后路面荷载和运行荷载作用下 10 年的沉降分布

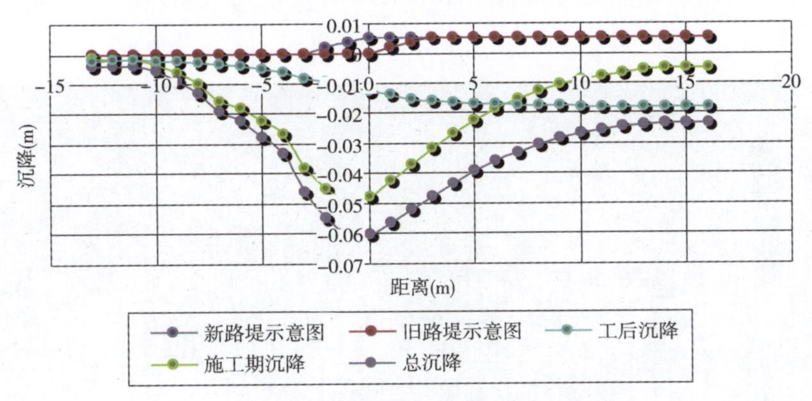

图 2-16　4 号断面各工况地面沉降对比

从图 2-16 可见，对于 4 号断面，其路堤结构和填土高度与 1、2、3 断面相同，但是软土层厚度较 1、2、3 断面大。计算得到该断面在新建路宽填土荷载的作用下产生的最大沉降依然发生在新路肩边处，但向路外偏移，最大值增至约 50mm，沉降量自最大值处向旧路中心逐步减小；沉降曲线的变化梯度相对较大，但在该变形曲率下不会对旧路基产生显著不良影响。计算得到在新建路面荷载和运行荷载作用下产生的最大沉降位置，与施工期相比，向旧路方向偏移，最大沉降值增加至约

60mm,沉降量自最大值处向旧路中心逐步减小,沉降变化梯度进一步减小。计算得到的工后沉降最大值约为 19mm,发生在旧路基中部,新路肩处工后沉降为 12mm,旧路肩处工后沉降为约 17mm。

由于新建高速公路不再利用旧路按一级公路设计的路面结构,该施工过程以及工后沉降产生的横坡比满足规范要求,不会对新建路面结构产生破坏作用。但是由于没有准确的地基土的实际土工参数,数值模拟的固结速率和得到的工后沉降值仅能作为参考。计算得到的在路面荷载和运行荷载作用下产生的最大沉降值约为 60mm,为防止实际地基土固结速率比计算采用值低,造成工后沉降增大,新旧路基的差异沉降可能对新建路面结构产生破坏作用,同时考虑到地基土的非自重湿陷性可能产生的不良影响,故对于该断面采用当地常用的挤密砂桩进行处理,一方面适当提高地基的变形模量以减少总沉降量,另一方面,加快地基土的排水固结,以减少工后沉降,这也有利于消除地基黄土的非自重湿陷性的不良影响。

对 5、6 号区段未经处理的旧地基在新路基施工前后进行数值模拟。新路基施工前在旧路堤作用下的应力分布见图 2-17,新路堤填土施工完成后的应力分布见图 2-18,工后路面荷载和运行荷载作用下的应力分布见图 2-19。各工况地面应力对比见图 2-20。

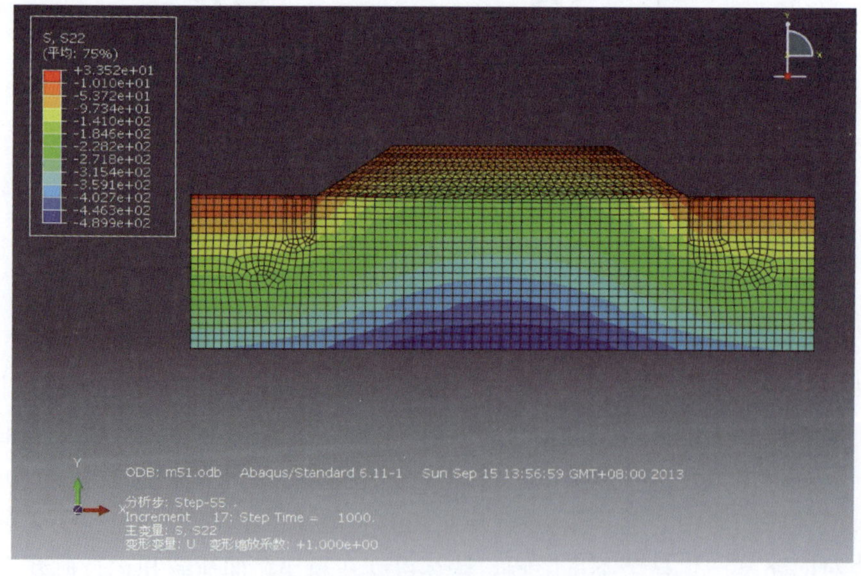

图 2-17　新路基施工前在旧路堤作用下的应力分布

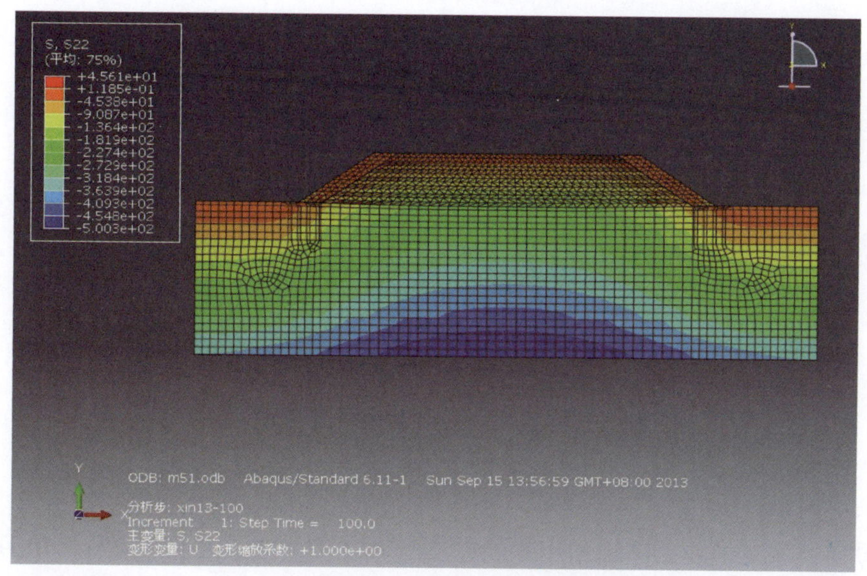

图 2-18　新路堤填土施工完成后的应力分布

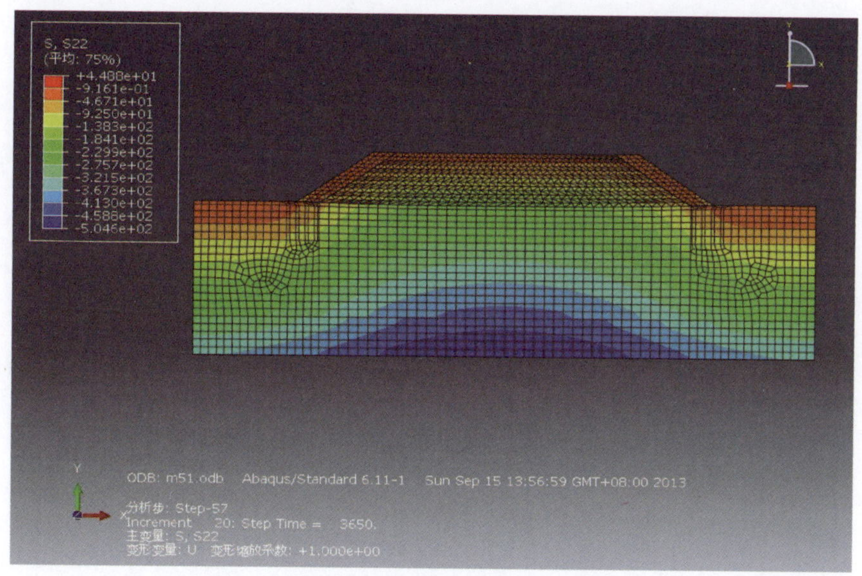

图 2-19　工后路面荷载和运行荷载作用下的应力分布

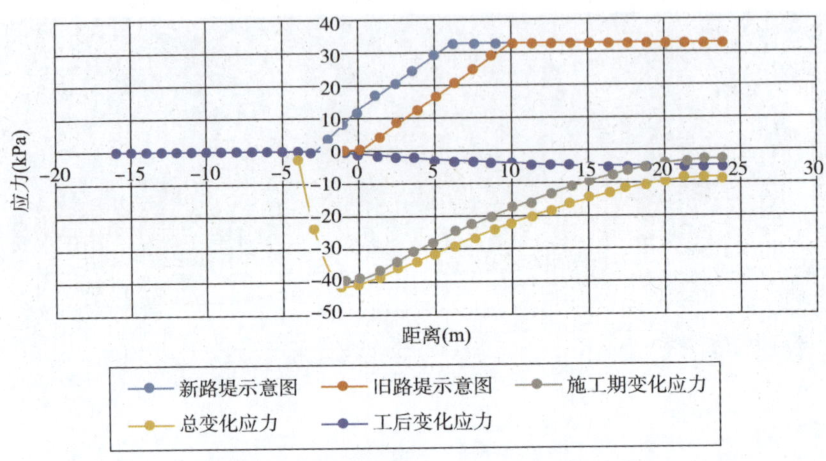

图 2-20　5 号区段各工况地面应力对比

新路基施工前在旧路堤作用下的位移分布见图 2-21，填土完成后 3 个月后的沉降分布见图 2-22，工后路面荷载和运行荷载作用下 10 年的沉降分布见图 2-23，各工况地面沉降对比见图 2-24。

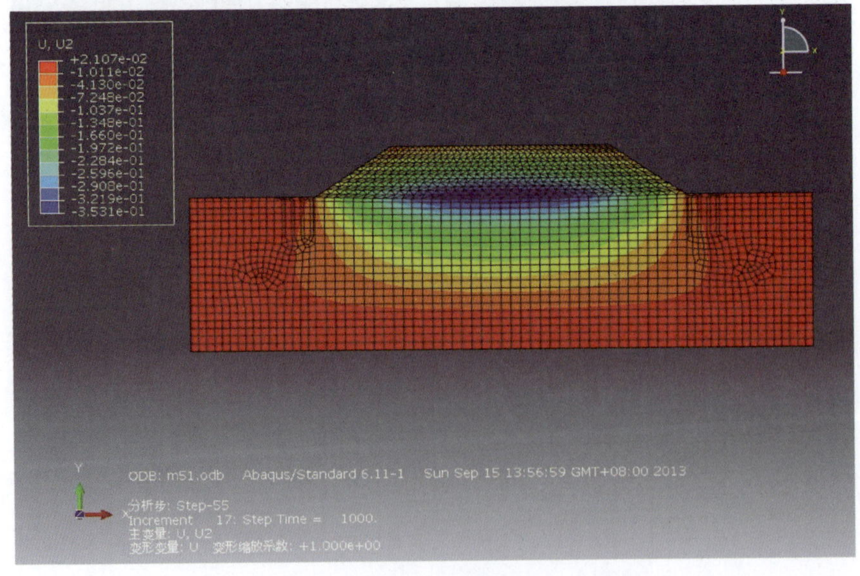

图 2-21　新路基施工前在旧路堤作用下的位移分布

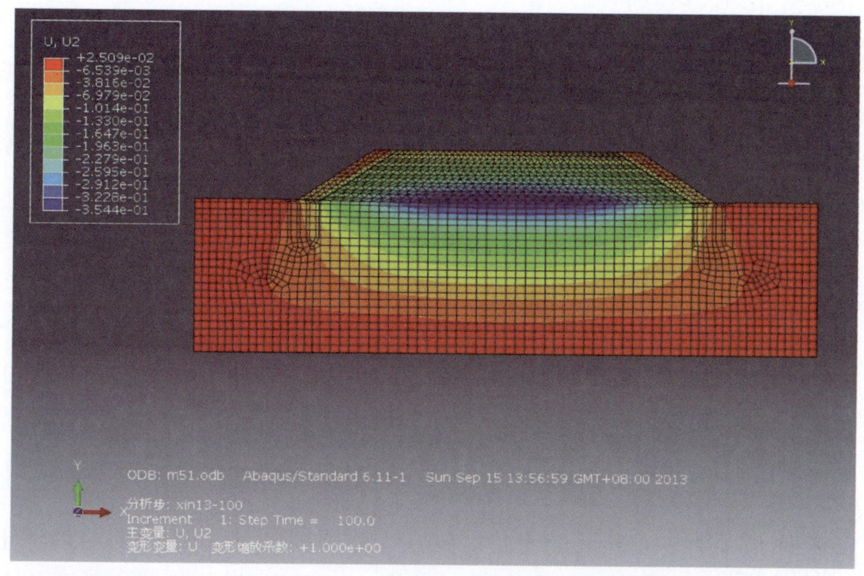

图 2-22　新路堤填土完成 3 个月后的沉降分布

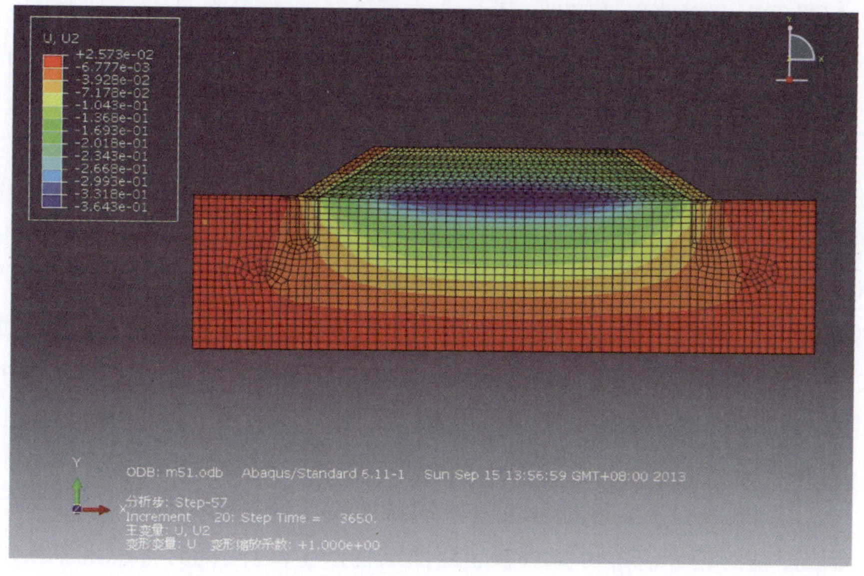

图 2-23　工后路面荷载和运行荷载作用下 10 年的沉降分布

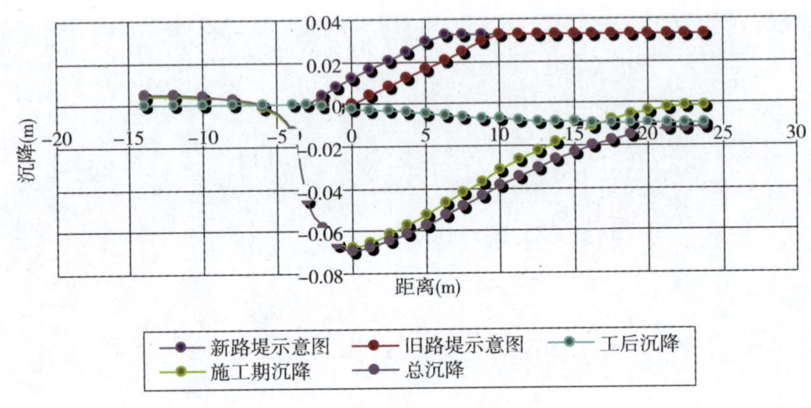

图 2-24　5、6 断面各工况地面沉降对比

注：图中横坐标的 0 点为旧路堤坡脚处。

5、6 断面与 1、2、3、4 断面的主要区别在于路堤高度，5、6 断面的路堤填土高度为 6m，其新建路宽的填土荷载作用在旧路堤上的部分比 1、2、3、4 断面的大大增加。从图 2-24 可见，对于 5、6 断面，计算得到在新建路宽填土荷载的作用下产生的最大沉降发生在旧路堤坡脚处，最大值约 72mm，沉降量自最大值处向旧路中心逐步减小；沉降曲线的曲率不大，在该曲率下不会对旧路基产生显著不良影响。计算得到在新建路面荷载和运行荷载作用下产生的最大沉降位置与填土施工期相同，且最大沉降值仍为约 72mm，但在向路堤中部方向，新建路面荷载和运行荷载作用下产生的沉降与施工期相比逐步增大，沉降量自最大值处向旧路中心逐步减小，沉降变化梯度进一步减小。计算得到新路肩处工后沉降为 5mm 左右，旧路沉降从老路基路肩脚处向路堤中部逐步增大，最大值为 10mm。

由于新建高速公路不再利用旧路按一级公路设计的路面结构，该施工过程以及工后沉降产生的横坡比满足规范要求，不会对新建路面结构产生破坏作用。但是由于没有准确的地基土的实际土工参数，数值模拟的固结速率和得到的工后沉降值仅能作为参考。考虑到计算得到在路面荷载和运行荷载作用下产生的最大沉降值较大（约 45mm），为防止实际地基土固结速率比计算采用值低，造成工后沉降增大、新旧路基的差异沉降可能对新建路面结构产生破坏，同时考虑地基土的非自重湿陷性可能产生的不良影响，故对该断面采取两种当地常用的技术进行处理：一是，对新建路宽范围的地基采用挤密砂桩进行处理，适当提高地基的变形模量以减少总沉降量,加快地基土的排水固结,减少工后沉降;二是,采用超载预压方法,减少工后沉降。采用上述地基处理方法也有利于消除地基黄土的非自重湿陷性的不良影响。

对 7、8、9 区段未经处理的旧地基在新路基施工前后进行数值模拟,新路基施工前在旧路堤作用下的应力分布见图 2-25,新路堤填土施工完成后的应力分布见图 2-26,工后路面荷载和运行荷载作用下的应力分布见图 2-27,新路基施工前在旧路堤作用下的位移分布见图 2-28,填土完成 3 个月后的沉降分布见图 2-29,工后路面荷载和运行荷载作用下 10 年的沉降分布见图 2-30。

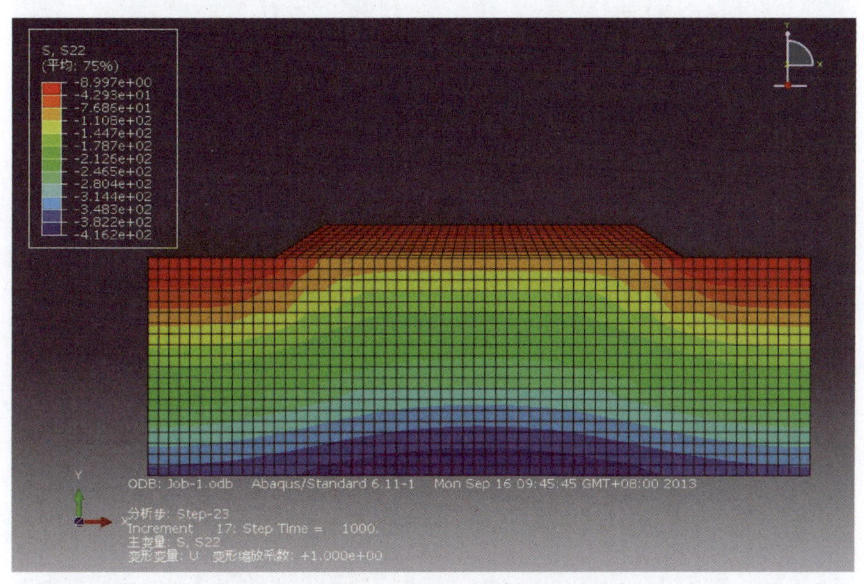

图 2-25　新路基施工前在旧路堤作用下的应力分布

根据上述数值分析的结果,汇总各工况地面沉降,见图 2-31。

7、8、9 区段地基良好,从图 2-31 可知,新建路宽下地基变形很小。计算得到:在新建路宽填土荷载作用下产生的最大沉降发生在旧路堤坡脚处,最大值约 15mm;在新建路面荷载和运行荷载作用下产生的最大沉降位置与填土施工期相同,最大沉降值约 18mm;工后沉降最大值约为 3mm,从旧路基坡脚处向路堤中部逐步增大。因此对于此区段地基不做处理,仅对新旧路基填土层接缝处采取的不同连接处理方法进行对比。

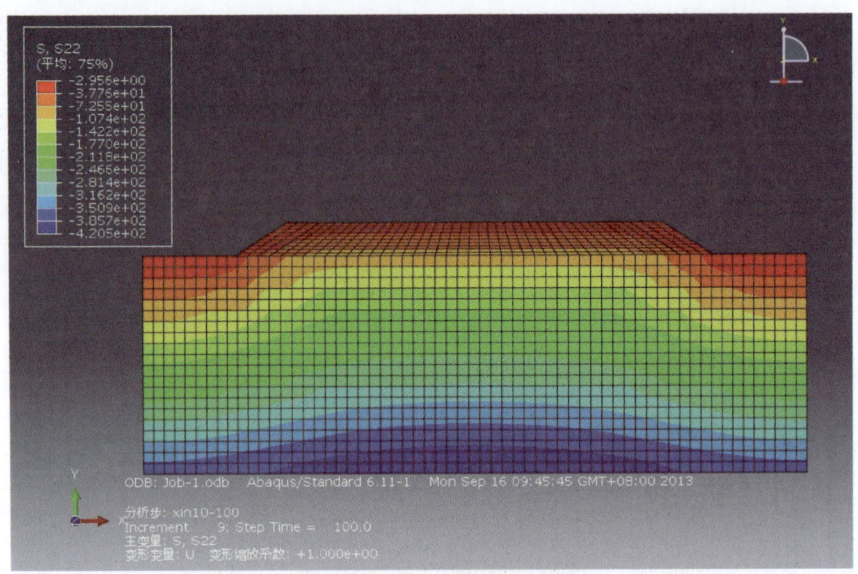

图 2-26　新路堤填土施工完成后的应力分布

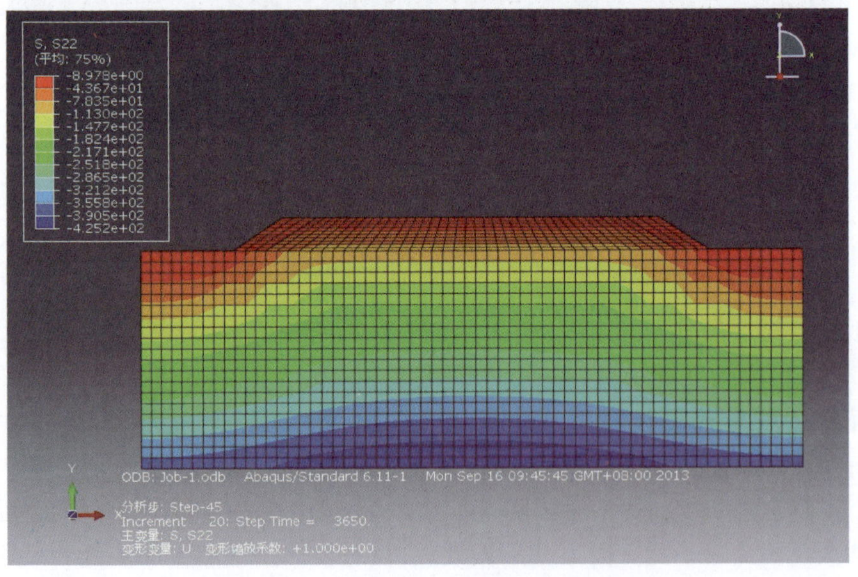

图 2-27　工后路面荷载和运行荷载作用下的应力分布

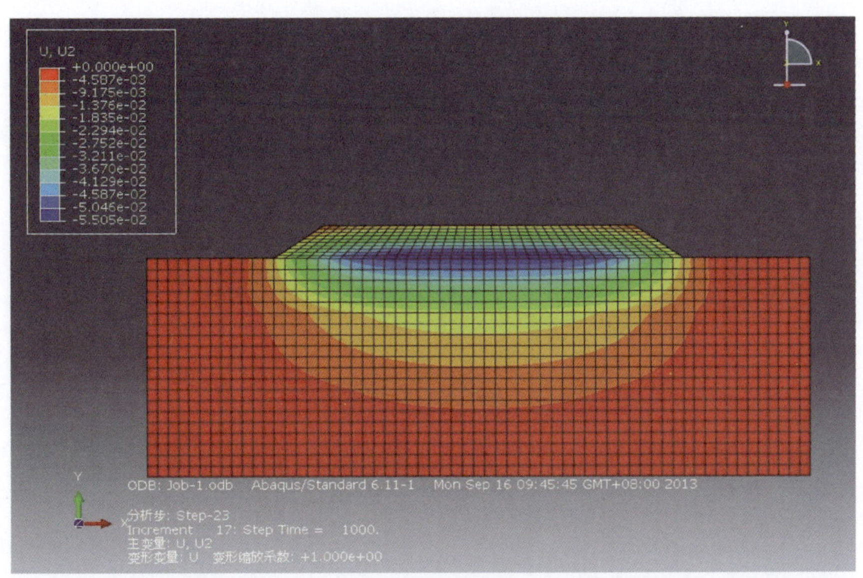

图 2-28　新路基施工前在旧路堤作用下的位移分布

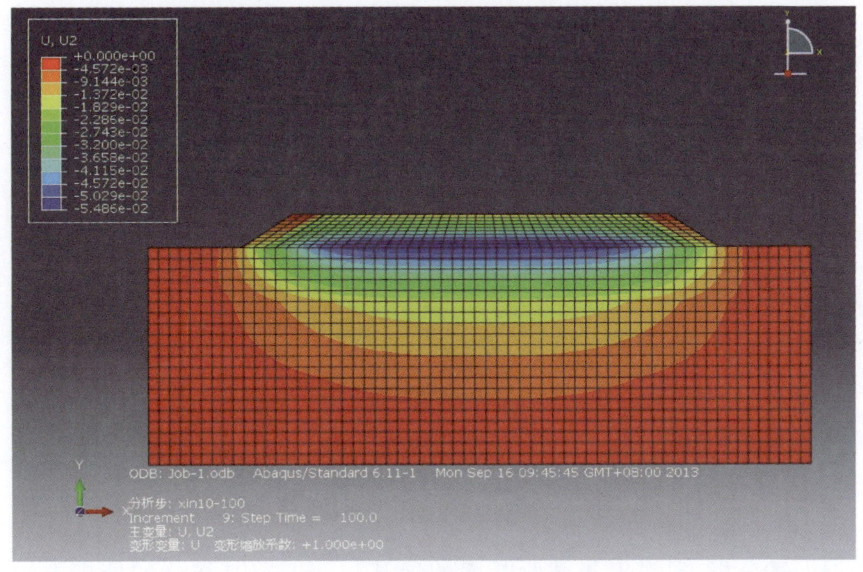

图 2-29　新路堤填土完成 3 个月后的沉降分布

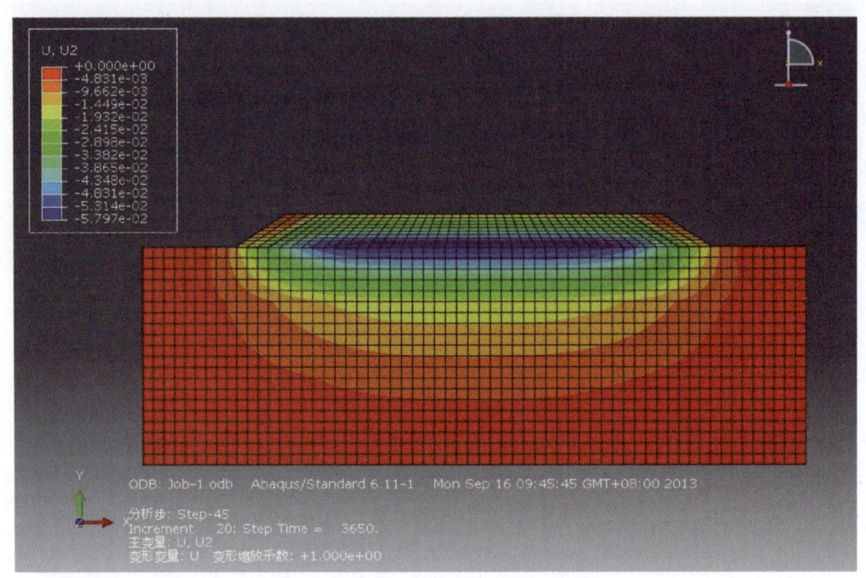

图 2-30 工后路面荷载和运行荷载作用下 10 年的沉降分布

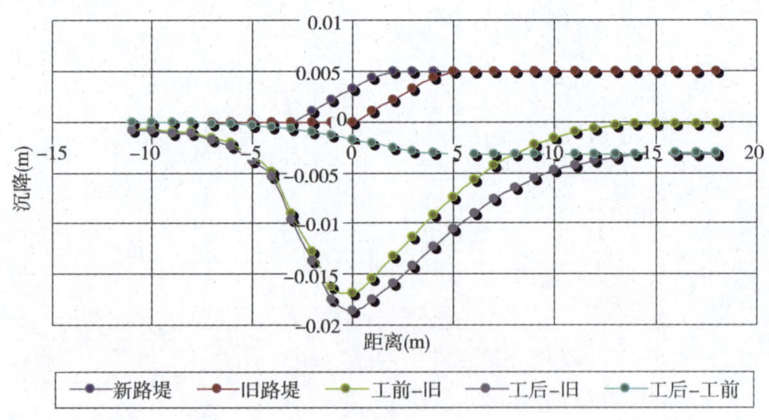

图 2-31 7、8、9 区段的各工况地面沉降对比

根据上述分析,现提出各试验断面的地基与新旧路基接缝的处理方法,详见表 2-6。

试验各段路基处理方式　　表 2-6

序号	桩　　号	试验采取的处理方案	处理路段长（m）
1	K42 +900 ~ K43 +000	简易石灰桩，桩径 50cm，处理深度为表层 0.5m，三角布桩，桩间距 1m	100
2	K43 +000 ~ K43 +100	加铺水泥石灰土层，处理深度表层 50cm，水泥、石灰、砂砾之间的比值为 5∶10∶100	
3	K43 +300 ~ K43 +400	冲击压实，清表后填筑 10cm 砂砾冲击压实后，再填筑 50cm 厚砂砾冲击压实	
4	K55 +300 ~ K55 +400	砂桩，桩径 40cm，处理深度 800cm，三角布桩，桩间距 1.2m	
5	K48 +500 ~ K48 +600	砂桩，桩径 40cm，处理深度 500cm，三角布桩，桩间距 1.2m	
6	K48 +600 ~ K48 +700	预压，填筑完成后在新旧路堤结合部进行预压，预压高度为 3.3m	
7	K65 +600 ~ K65 +700	台阶 2m，铺筑单向刚塑格栅	
8	K65 +950 ~ K66 +050	台阶 1m，铺筑双向刚塑格栅	
9	K66 +050 ~ K66 +150	台阶 2m，铺筑土工格室	

2.4　测试方案

通过原位测试监测各试验方案中地基的沉降量、侧向变形、孔隙水压力以及土工加筋材料的性能变化，进而获得地基沉降变形规律、地基侧向变形规律、孔隙水压力变化规律、土工加筋材料变化规律。采用的原位监测仪器包括：分层沉降仪、深层测斜仪、沉降板、孔隙水压力计、柔性位移计。各试验段处理方案及所用测试仪器见表 2-7。

各试验段处理方案及所用测试仪器

表 2-7

序号	桩号	拓宽方式	路段地质情况	地基处理方案	试验段放设仪器
1	K42 +900 ~ K43 +000	双侧拓宽,填方高度 2m	非自重湿陷性黄土(浅层),湿陷等级 I 级,轻微非自重湿陷性	简易石灰桩,处理深度为表层 0.5m	K42 +950 新路肩处:深层沉降管。 K43 +000 新路肩处:深层沉降管(修复)。 K42 +950:测斜管。 K42 +950、K43 +000 3m 深度处:孔隙水压计
2	K43 +000 ~ K43 +100			加铺水泥石灰土层,处理深度为表层 50cm	K43 +000、K43 +050:测斜管。 K43 +000、K43 +050 5m 深度处:孔隙水压计
3	K43 +300 ~ K43 +400			填筑 50cm 厚砂砾冲击压实	K43 +350、K43 +400 新路肩处:深层沉降管(修复)。 K43 +350、K43 +400 3m 深度处:孔隙水压计
4	K55 +300 ~ K55 +400		非自重湿陷性黄土(厚层),湿陷等级 II 级,中等非自重湿陷性	砂桩,处理深度 800cm	K55 +350 新路肩处:深层沉降管。 K55 +400 新路肩处:深层沉降管(修复)。 K55 +350:测斜管。 K55 +350、K55 +400 5m 深度处:孔隙水压计

续上表

序号	桩　号	拓宽方式	路段地质情况	地基处理方案	试验段放设仪器
5	K48 +500 ~ K48 +600	双侧拓宽，填方高度6.5m	非自重湿陷性黄土（浅层），湿陷等级Ⅰ级，轻微非自重湿陷性	砂桩，处理深度500cm	K48 +500 新路肩、旧路肩处：深层沉降管。 K48 +550 新路肩处：深层沉降管。 K48 +550 旧路肩处：深层沉降管（修复）。 K48 +500、K48 +550：测斜管。 K48 +500 5m 深度处：孔隙水压计（修复）。 K48 +550 3m、5m 深度处：孔隙水压计（修复）
6	K48 +600 ~ K48 +700			新旧路堤结合部预压，堆土高度为3.3m	K48 +600 新路肩、旧路肩处：深层沉降管。 K48 +650 新路肩、旧路肩处：深层沉降管。 K48 +600、K48 +650：沉降板、测斜管。 K48 +650 5m 深度处：孔隙水压计
7	K65 +600 ~ K65 +700	双侧拓宽，填方高度2 ~ 3m	卵石下卧层	台阶2m，铺筑单向刚塑格栅	K65 +600：柔性位移计、沉降板、测斜管
8	K65 +950 ~ K66 +050			台阶1m，铺筑双向刚塑格栅	K65 +950、K66 +000：柔性位移计、沉降板
9	K66 +050 ~ K66 +150			台阶2m，铺筑土工格室	K66 +050、K66 +100：柔性位移计、沉降板。 K66 +050：测斜管

注：仪器埋设方法和测试要求见附录。

2.5 本章小结

通过对赤承高速公路赤峰至茅荆坝(蒙冀界)段的地形地貌、水文地质情况、气候条件进行实地调研分析,选择了9段有代表性的路段作为试验段,利用有限元分析软件对这9段未经处理的旧地基进行施工前后数值模拟,得到相关应力、沉降分布,进而得出各试验方案的土体固结速率以及最大沉降值可能发生的部位,同时结合各试验段的水文地质条件,提出可以有效控制9段试验段不均匀沉降的试验措施与相关测试方案。

第3章 低填方浅层非自重湿陷性黄土拓宽工程路基试验结果与分析

3.1 试验段概况

试验段K42+900~K43+000、K43+000~K43+100以及K43+300~K43+400地质条件为浅层非自重湿陷性黄土路基，填方高度为2m，拓宽方式为双侧拓宽，旧路基处理方式均为沙砾60cm，冲击压实。

地质情况参考辽宁省交通规划设计院提供的《大庆至广州高速公路赤峰至茅荆坝段路线工程地质说明书》。

K42+900~K43+000、K43+000~K43+100段无准确勘查报告，该段的地质情况取自相邻的K42+500~K42+680段地质勘查数据，地质情况见表3-1。可以看出该段土质为非自重湿陷性黄土。一旦上覆荷载超过湿陷起始压力，黄土地基会随着含水率的增高发生非自重湿陷性变形，对路基造成损坏，路基处理时要充分考虑黄土非自重湿陷性沉降引起的新旧路基差异沉降。地基设计时，将旧路基与地基考虑成一个整体，新路堤为新加在地基上的荷载。虽然地基在旧路堤荷载作用下已经压缩、固结，地质条件得到改善，但设计时偏于安全考虑，地基相关参数仍沿用旧路设计时的参数。根据第二章可知，地基最大沉降发生在新路肩对应处，即旧路边坡坡脚位置。地基在新建路堤荷载作用下的附加应力与自重应力见表3-2。

K42+900~K43+000地质概况 表3-1

岩性描述	取样位置(m)	承载力基本容许值(kPa)	天然含水率(%)	饱和度(%)	液限(%)	塑限(%)	自重湿陷系数	湿陷系数	湿陷起始压力(kPa)	黏聚力(kPa)	内摩擦角(°)
黄土状粉质黏土：褐黄色，稍湿润，硬塑，	1	150	15.2	—	25.3	18.0	—	—	—	—	—
	2		15.6	45.6	23.8	17.5	0.016	0.025	—	20.5	25.2

续上表

岩性描述	取样位置(m)	承载力基本容许值(kPa)	天然含水率(%)	饱和度(%)	液限(%)	塑限(%)	自重湿陷系数	湿陷系数	湿陷起始压力(kPa)	黏聚力(kPa)	内摩擦角(°)
具大孔隙,垂直节理发育,2.3~2.7m夹层薄卵石	3	150	15.3	—	24.3	17.7	—	—	—	—	—
	4		16.7	56.6	25.3	18.0	—	0.034	—	—	—
	5		20.1	60.0	30.6	19.9	0.014	0.028	—	35.8	21.9
	6		14.9	37.9	24.2	17.6	—	0.084	—	—	—
粉质泥碎石:褐灰黄色,湿,密实,碎石含量5%~15%	7	180	16.5	—	25.3	18.0	—	—	—	—	—

新路堤荷载作用下不同深度地基附加应力　　表3-2

深度(m)	附加应力(kPa)	自重应力(kPa)	总应力(kPa)	地基容许承载力(kPa)
1	46.30	26	72.30	150
2	37.15	52	89.15	
3	30.11	78	108.11	
4	24.89	94	118.89	
5	21.03	110	131.03	
6	18.11	126	144.11	

3.2 沉降变化曲率

《公路路基设计规范》(JTG D30)中利用道路横坡比作为新旧路基工后差异沉降的控制指标。横坡比的数值由路基总的沉降量与路基深度的比值表示,这一计算方法的前提是路基深度范围内的沉降呈线性变化,而根据课题组的实测结果,施工过程中路基深度范围内沉降量呈非线性变化。

图3-1a)、b)分别表示新旧路基发生差异沉降与协同沉降,若两者的沉降量均为Δh,利用横坡比计算两者的值均为$\Delta h/l\times100\%$,单纯从横坡比数值来看,两者

的沉降变化规律是一致的，这一结论显然是错误的。

通过理论分析与试验验证，新旧路基及结合部在施工过程中的差异沉降也应作为控制新旧路基是否协同沉降的控制指标，而施工过程中的差异沉降不能再用横坡比指标来控制。因此，课题组提出利用沉降变化曲率来表示施工过程中路基深度范围内沉降量的变化规律。曲率在数学上表征曲线偏离直线的程度，将这一概念引入表征路基沉降变化规律中，具体计算方法为：利用数值模拟数据或实测数据拟合沉降曲线，求取该曲线的多项式方程，计算该曲线的曲率表达式，代入式(3-1)计算其平均值。

$$\bar{k} = \frac{\int_0^1 k(s)\,\mathrm{d}s}{\int_0^1 \mathrm{d}s} \tag{3-1}$$

式中：$\bar{k}$——旧路基沉降变化率；

s——旧路基沉降量。

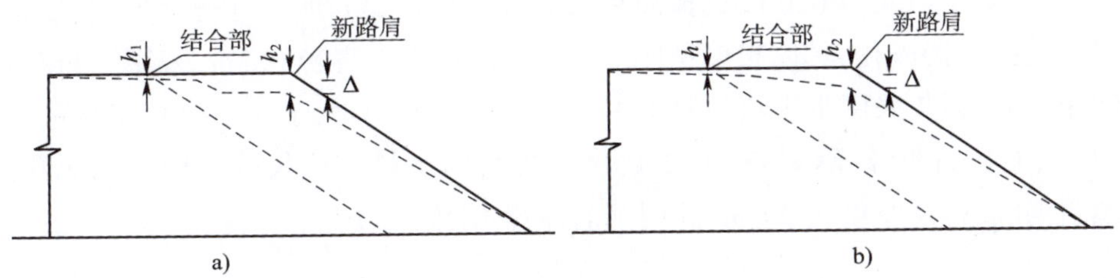

图 3-1　新旧路基差异沉降与协同沉降

3.3　原地基处理方案

采用数值模拟方法对天然地基在拓宽路堤荷载作用下的沉降进行估算。附加应力由路基填料、水泥稳定层、沥青面层共同作用产生。根据《公路软土地基路堤设计与施工技术规范》(JTJ 017)，路基设计时可以不考虑行车荷载造成的沉降。计算结果见表 3-3，未处理新路基横坡度为 0.27，未处理旧路基横坡度为 0.25；未处理新路基平均沉降曲率为 0.35，未处理旧路基平均沉降曲率为 0.29；新、旧路基结合处沉降量 51mm，实测新、旧路基结合处标高为 726.422m，设计标高为 726.471m，工后沉降 49mm，与数值模拟结果接近 。

天然地基沉降估算 表3-3

深度(m)	附加应力(kPa)	压缩模量(MPa)	分层沉降总和(mm)
1	46.30	2.5	18.52
2	37.15	2.4	34.00
3	30.11	4.8	40.27
4	24.89	5.9	44.49
5	21.03	7.2	47.41
6	18.11	5.9	50.48

3.4 地基处理方案概况

3.4.1 K42+900~K43+000段

K42+900~K43+000段选择简易石灰桩对拓宽部分地基进行处理，利用本项目发明的挤扩器成孔，具体布设见图3-2。桩长0.5m，直径0.3m，采用三角布桩，桩间距1m。石灰采用Ⅲ级、新鲜的块状生石灰，块径不大于5cm，钙、镁含量不低于70%，并按石灰∶砂砾=60∶40的比例作桩孔内填料。石灰桩采用人工成孔，分层填筑捣实，每层厚度为20cm，并用钢筋棒捣击25次以上。

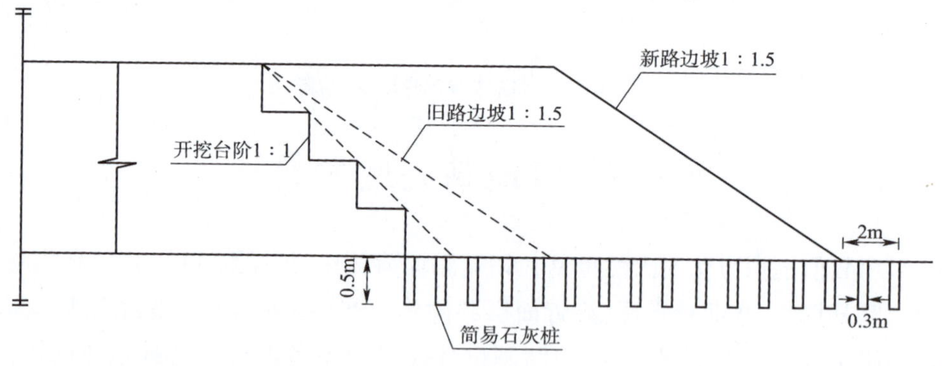

图3-2 简易石灰桩加固拓宽路基

规范及相关研究均建议石灰桩顶部须至少留出500mm，用黏土封口。本试验因采用的石灰桩桩长仅为0.5m，并未采用黏土封口，容易出现因石灰吸水引起的“软心”现象。

本段设置了 2 个观测断面，分别为 K42 +950、K43 +000，其中 K42 +950 为主观测断面，K43 +000 为辅助观测断面。监测设备布置见图 3-3。

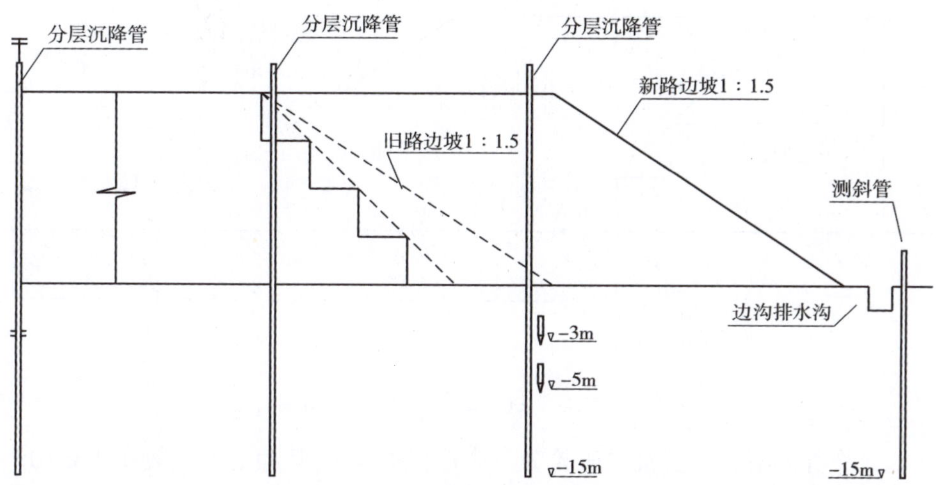

a)仪器埋设剖面图

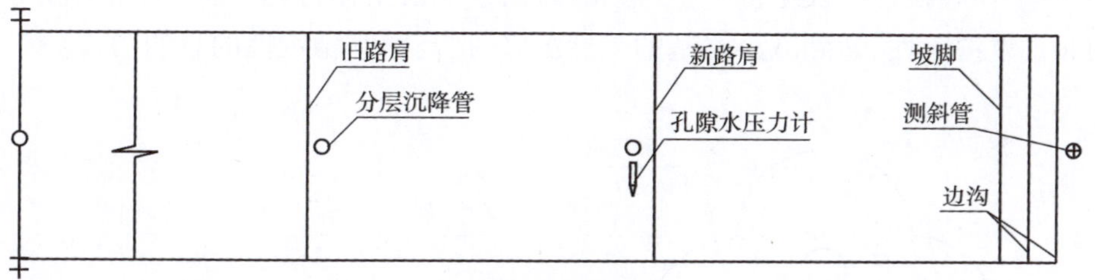

b)仪器埋设平面图

图 3-3　简易石灰桩处理段监测设备布置

2011 年 10 月末，石灰桩施工完毕，桩成之后监理单位检测了地表以下 15cm 土体 7d 的强度，选取测点 5 个，最大值为 180kPa，最小值为 165kPa，平均为 172.5kPa，与天然地基承载力 150kPa 相比，提升幅度仅为 8.3%。随后进行了监测设备的埋设工作，之后进入冬季停工期。2011 年 11 月 5 日开始路堤的填筑，冬季停工前仅在地基表面填筑了厚 20cm 左右的土石混合填料。

3.4.2　K43 +000 ~ K43 +100 段

K43 +000 ~ K43 +100 段采用换填砂砾 60cm、冲击压实处理拓宽部分地基，清表后填筑 10cm 砂砾，冲击压实工艺处理地基，达到规定的压实度后，再填筑 50cm 砂砾，冲击压实至压实度大于 95%。加固方案见图 3-4。

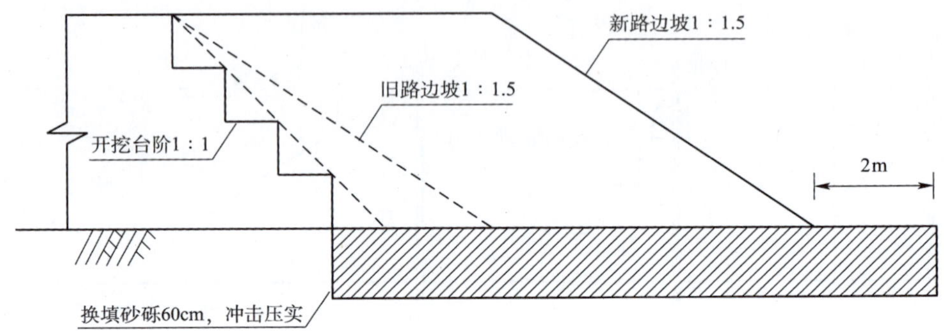

图 3-4 K43 +000 ~ K43 +100 段加固方案

本试验所采用的压实机碾压轮为三边形(图 3-5)，其冲击力一般在 3×10^3 ~ 4×10^3kN。以低频大振幅的冲击力作用在土体上，产生强大的冲击波向深层土体传播，使土体颗粒之间发生位移、变形和剪切，使深层土体得到压实，从而消除地基土的非自重湿陷性，达到减小路基的工后沉降、提高路基稳定性的目的[48]。

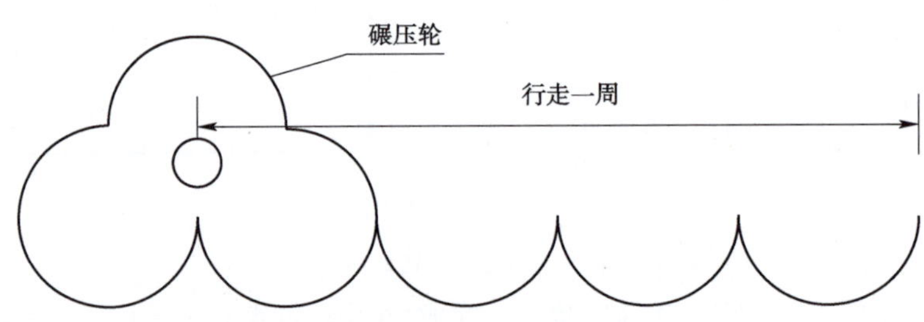

图 3-5 冲击压实方案示意图

本段设置了 2 个观测断面，分别为 K43 +000、K43 +050，其中 K43 +000 为主观测断面，K43 +050 为辅助观测断面。监测设备平面布置见图 3-3。

2011 年 10 月进行了路基冲击压实，之后选取 5 个点进行静力触探检测，检测结果见表 3-4。结果显示冲击压实之后地基的承载能力有不错的提高。随后进行了监测设备埋设工作。2011 年 11 月 8 日开始路堤的填筑。

静力触探检测结果　　表 3-4

测试点序号	表层 80cm 内地基承载力		
	冲击压实前(kPa)	冲击压实后(kPa)	平均值(kPa)
1	150.00	200.00	205.00
2		220.00	
3		220.00	
4		195.00	
5		190.00	

3.4.3　K43 +300 ~ K43 +400

K43 +300 ~ K43 +400 段无准确勘查报告，该段的地质情况取自相邻的 K43 + 800 ~ K44 +300 段，见表 3-5。从表中可以看出自重湿陷系数和非自重湿陷系数均较高，湿陷起始压力较低。

K43 +300 ~ K43 +400 段地质概况　　表 3-5

岩性描述	取样位置(m)	承载力基本容许值(kPa)	天然含水率(%)	饱和度(%)	液限(%)	塑限(%)	自重湿陷系数	湿陷系数	湿陷起始压力(kPa)	黏聚力(kPa)	内摩擦角(°)
黄土状粉质黏土；褐黄色，稍湿润，硬塑，具大孔隙，垂直节理发育	1	150	10.9	24.6	29.6	19.6	0.036	0.167	9	35.2	21.0
	2		14.7	34.6	28.4	19.1	0.022	0.133	28	44.1	22.2
	3		14.9	43.0	27.6	18.8	0.006	0.046	84	30.7	23.8
	4		15.2	13.1	28.0	19.0	0.017	0.049	68	32.6	21.9
	5		13.6	41.8	28.1	19.0	0.022	0.034	39	41.3	22.0
	6		19.0	53.7	28.3	19.1	0.006	0.022	150	33.3	22.2
	7		18.7	48.7	29.0	19.3	0.036	0.053	59	38.4	20.5
	8		19.4	58.7	26.6	18.5	0.022	0.023	107	30.7	21.9
	9		19.6	53.5	28.7	19.2	0.028	0.033	85	34.5	21.9

续上表

岩性描述	取样位置(m)	承载力基本容许值(kPa)	天然含水率(%)	饱和度(%)	液限(%)	塑限(%)	自重湿陷系数	湿陷系数	湿陷起始压力(kPa)	黏聚力(kPa)	内摩擦角(°)
粉质泥碎石:褐灰黄色,湿,密实,一般粒径40~80mm,最大粒径130mm,填充物为黏性土	9m以下	700	—	—	—	—	—	—	—	—	—

采用分层总和法对天然地基在拓宽路堤荷载作用下的沉降进行估算,计算方法参照《公路路基设计规范》(JTJ 013),计算结果见表3-6。

天然地基沉降估算 表3-6

深度(m)	附加应力(kPa)	压缩模量(MPa)	分层沉降总和(mm)
1	46.30	9.0	5.14
2	37.15	9.1	9.23
3	30.11	10.1	12.21
4	24.89	10.2	14.65
5	21.03	9.8	16.79
6	18.11	7.1	19.34
7	16.09	5.6	22.22
8	14.26	4.3	25.53
9	12.79	5.4	27.90

附加应力由路基填料、水泥稳定层、沥青面层共同作用产生。根据《公路软土地基路堤设计与施工技术规范》(JTJ 017)规定,路基设计时可以不考虑行车荷载造成的沉降。若不对路基进行处理,新路肩对应处沉降将达到约28mm。

K43+300~K43+400段采用水泥石灰稳定砂砾处理拓宽部分地基,水泥石灰稳定砂砾层厚50cm,砂砾采用天然级配,最大粒径小于37.5mm。施工时清表后填筑10cm砂砾,采用冲击压实工艺处理地基,然后采用路拌法施工石灰水泥稳定处理层,要求水泥、石灰拌和均匀,压实度要求大于95%,进行覆膜养生,7d后进行土方填筑。加固方案见图3-6。

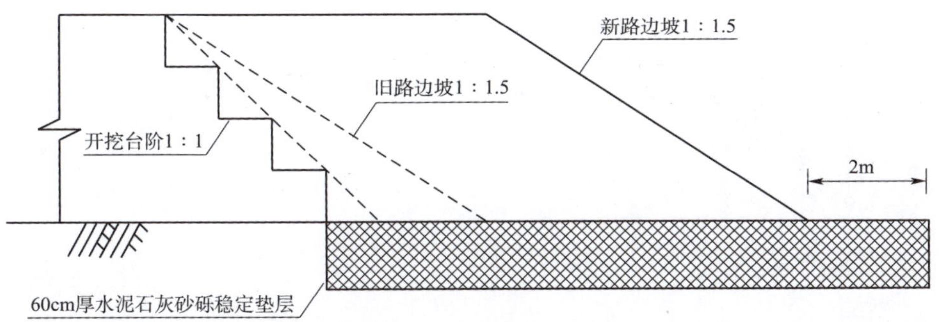

图 3-6　水泥石灰砂砾稳定层

水泥石灰砂砾稳定层中的水泥、石灰、砂砾之间的比值为 5: 10: 100。其中石灰为普通三级消石灰，水泥为普通 325 硅酸盐水泥，砂砾为天然级配砂砾。

本段设置 2 个观测断面，分别为 K43 +350、K43 +400，其中 K43 +400 为主观测断面，K43 +350 为辅助观测断面。

2012 年 4 月完成水泥石灰砂砾稳定层的施工，现场压实度达到 97%，养护 7d 之后进行监测设备的埋设工作。2012 年 5 月 4 日开始路堤填筑。2012 年 5 月 9 日第 4 层填筑完成。

3.5　地基测试结果与分析

如前所述，K42 +900 ~ K43 +000、K43 +000 ~ K43 +100、K43 +300 ~ K43 +400 三个试验段的条件基本相同，都是填土高度 2m、浅层软土地基，只是路基填土下 0.5m 垫层分别采用不同的处理方式，而 0.5m 垫层的差异不会对路基下沉降分布产生明显影响。各断面地基土都没有准确的物理力学性质指标，又由于各区段都没有获得完整的测试数据，将三个区段的测试结果集合可以得到一套较完整的测试数据。故将三个区段的测试数据统一进行分析讨论，进而采用数值分析方法对各断面的应力分布、沉降变形分布规律以及工后沉降进行探讨。

K42 +950 新路肩不同时间沉降随深度变化见图 3-7，K42 +950 新路肩不同时间沉降随填土高度变化见图 3-8。K43 +000 新路肩不同时间沉降随深度变化图 3-9，K43 +000 新路肩不同时间沉降填土高度变化见图 3-10。K43 +350 新路肩不同时间沉降随深度变化见图 3-11，K43 +350 新路肩不同时间沉降随填土高度变化见图 3-12。K43 +400 新路肩不同时间沉降随深度变化见图 3-13，K43 +400 新路肩不同时间沉降随填土荷载变化见图 3-14。

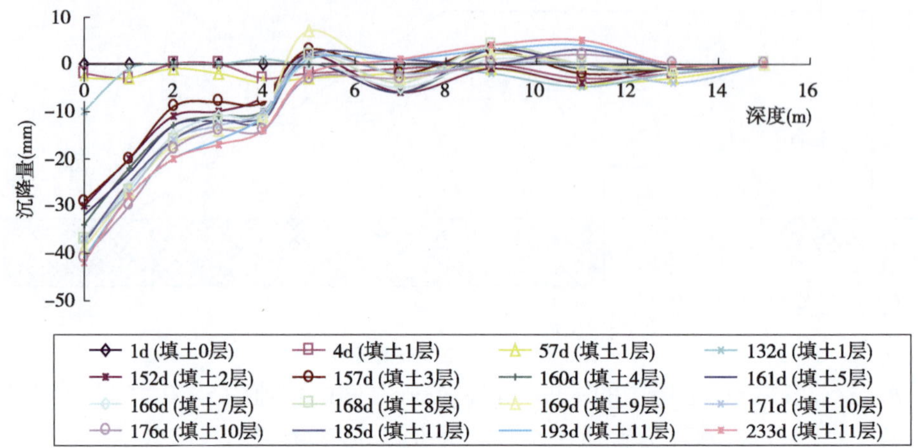

图 3-7　K42 +950 新路肩不同时间沉降随深度变化

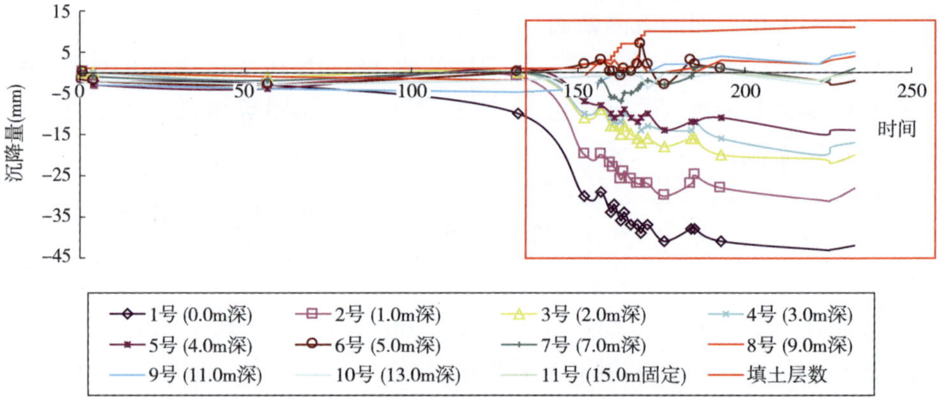

图 3-8　K42 +950 新路肩不同时间沉降随填土高度变化

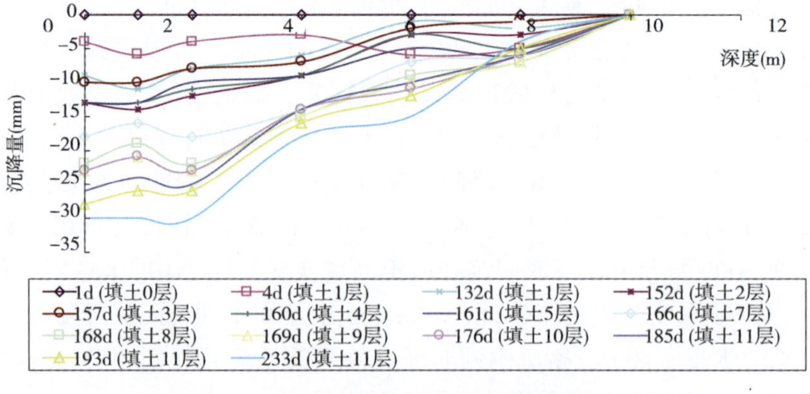

图 3-9　K43 +000 新路肩不同时间沉降随深度变化

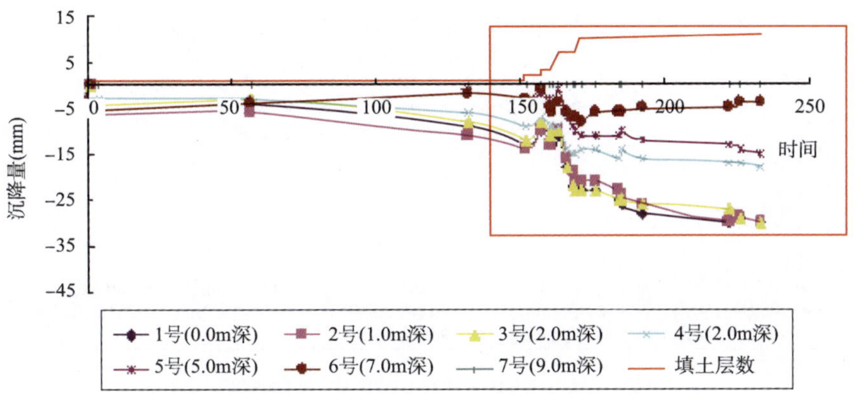

图 3-10　K43 + 000 新路肩不同时间沉降随填土高度变化

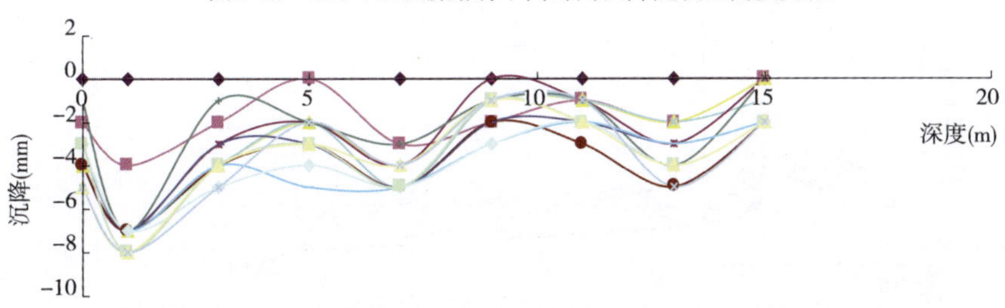

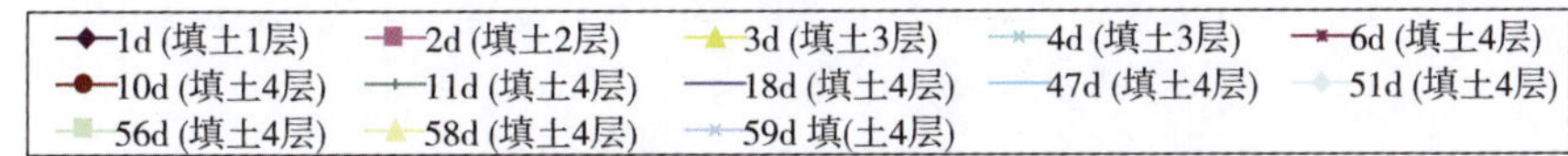

图 3-11　K43 + 350 新路肩不同时间沉降随深度变化

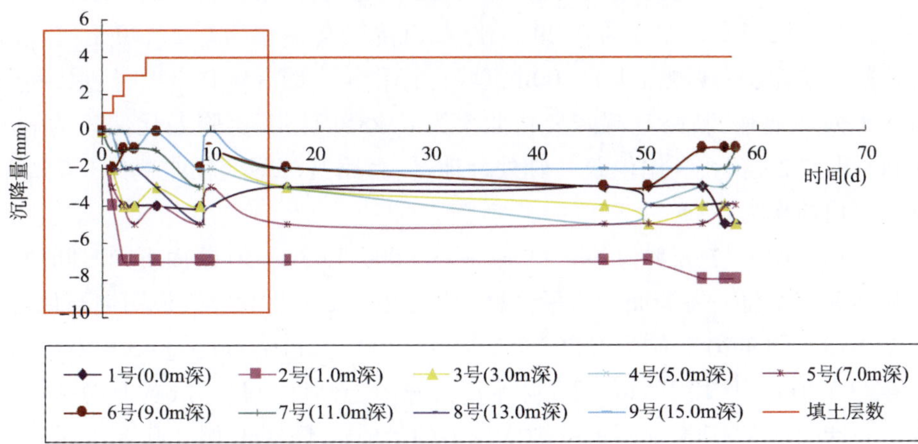

图 3-12　K43 + 350 新路肩不同时间沉降随填土高度变化

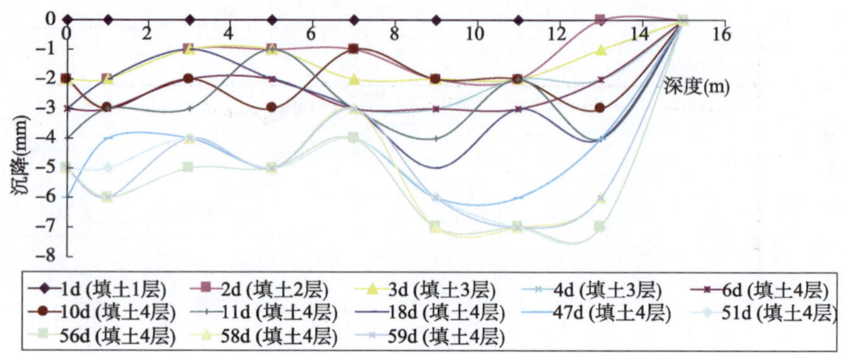

图 3-13　K43 +400 新路肩不同时间沉降随深度度变化

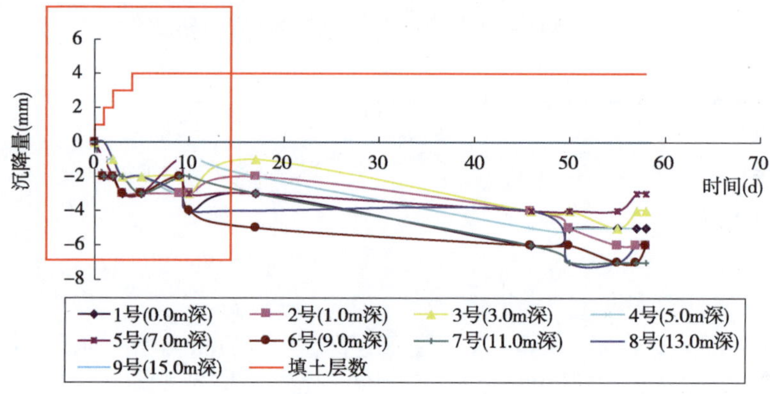

图 3-14　K43 +400 新路肩不同时间沉降随填土高度变化

从图 3-7、图 3-8 可见，利用简易石灰桩处理地基，在路堤填土期间最大沉降为 42mm，新路基沉降变化曲率为 0.29，旧路基沉降变化曲率为 0.27，填土完成后沉降迅速趋于稳定，至观测截止的 100d 沉降已经稳定。图 3-9、图 3-10 显示，利用水泥石灰土处理地基，新路基沉降变化曲率为 0.28，旧路基沉降变化曲率为 0.22。图 3-11、图 3-12 显示，利用填筑沙砾处理地基，新路基沉降变化曲率为 0.26，旧路基沉降变化曲率为 0.05。

图 3-15 ~ 图 3-17 分别为 K42 +950、K43 +000、K43 +050 断面不同时间地基水平位移随深度变化。各断面的水平位移大体上在 ±2mm 内摆动，说明地基稳定。

图 3-18 ~ 图 3-20 分别为 K42 +950 ~ K43 +000、K43 +000 ~ K43 +100、K43 + 300 ~ K43 +400 三区段不同时间孔隙水压力随填土高度变化。虽然上述各断面孔隙水压力计的埋深不同、显示的孔隙水压力的量值也不相同，但在孔隙水压力的变化趋势方面显示了相同的规律，即随着填土高度的增加孔隙水压力增加，但是当加

载完毕后孔隙水压力随即快速消散。说明该地基土排水固结速率很快。这一结果与图 3-16、图 3-17 所示地基沉降很快稳定的测试结果相吻合。

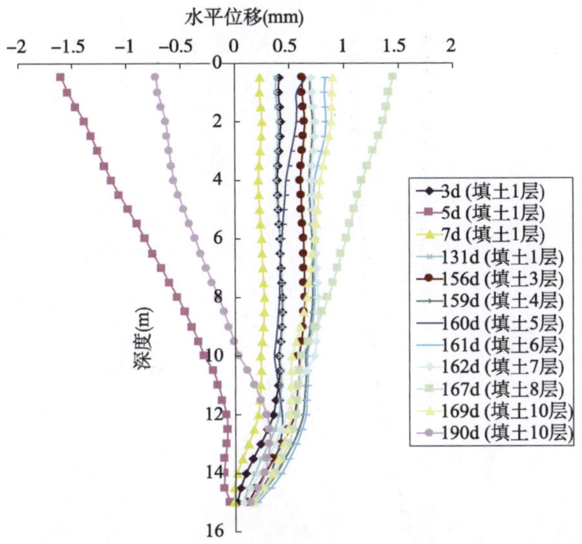

图 3-15　K42 +950 不同时间地基水平位移随深度变化(负值向外)

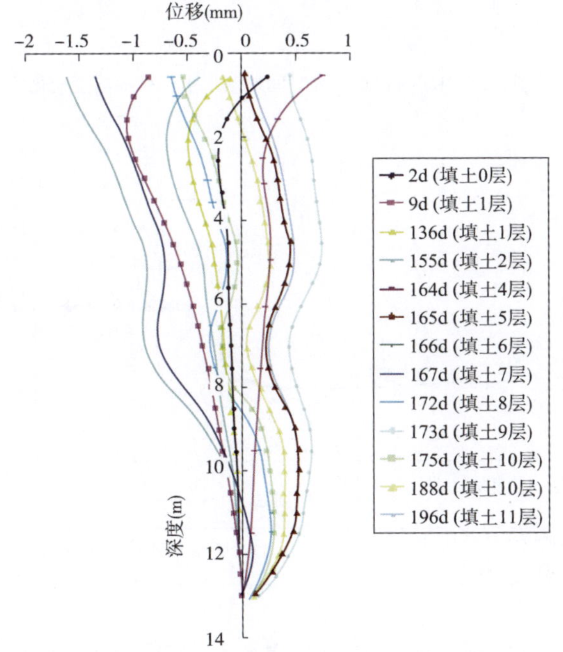

图 3-16　K43 +000 不同时间地基水平位移随深度变化(负值向外)

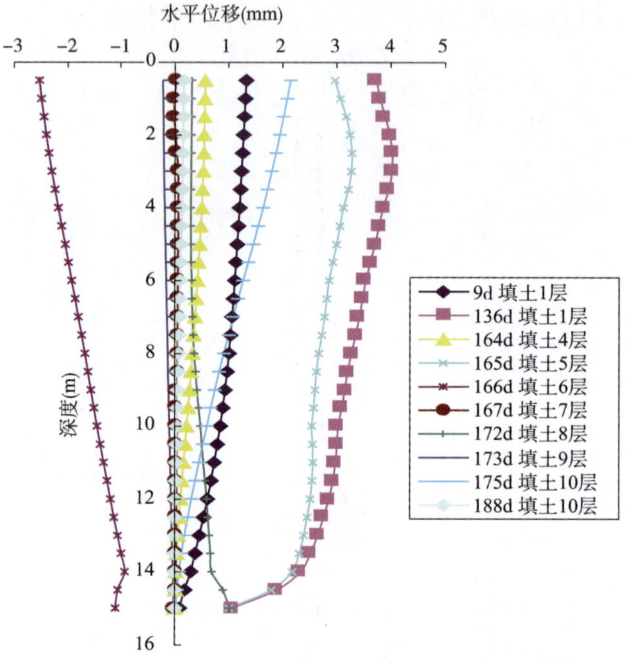

图 3-17　K43 +050 不同时间地基水平位移随深度变化

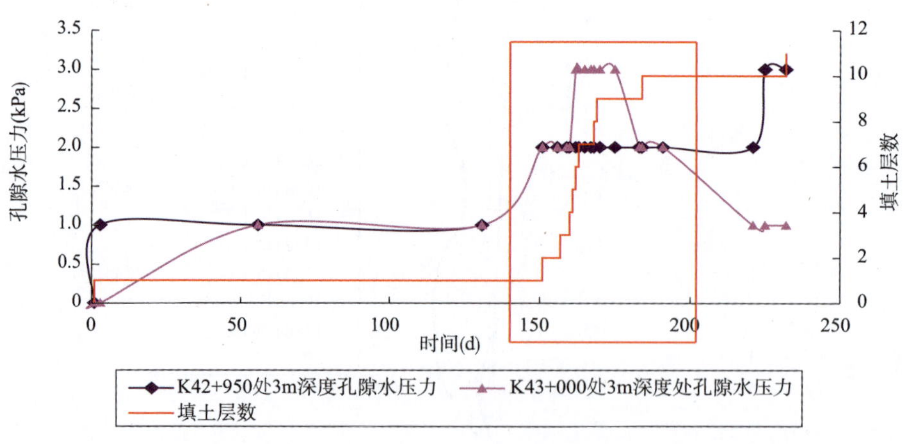

图 3-18　K42 +950 ~ K43 +000 不同时间孔隙水压力随填土高度变化(修正:向前平移)

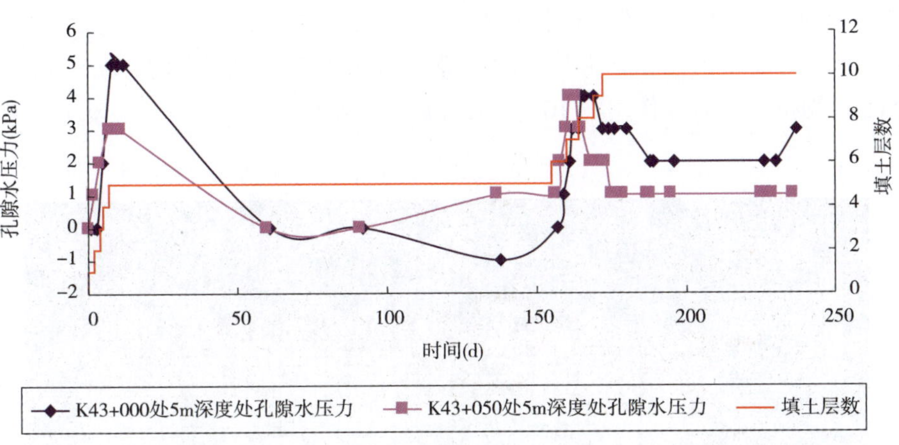

图 3-19　K43 + 000 ~ K43 + 100 不同时间孔隙水压力随填土高度变化

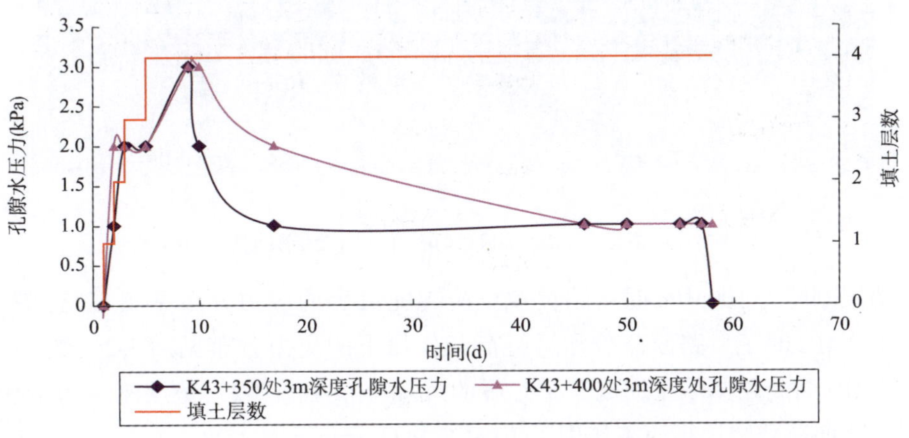

图 3-20　K43 + 300 ~ K43 + 400 不同时间孔隙水压力随深填土荷载变化

3.6　有限元数值分析的结果

对采用不同刚度垫层的路基进行了填土施工期沉降和工后沉降的数值模拟，相关计算模型、计算参数与计算步骤详见 2.2.1 节。

垫层刚度为50MPa时新路堤填土施工完成后的应力分布见图3-21,垫层刚度为50MPa时工后路面荷载和运行荷载作用下的应力分布见图3-22,垫层刚度为50MPa时新路基填土完成3个月后的沉降分布见图3-23,垫层刚度为50MPa时工后路面荷载和运行荷载作用下10年的沉降分布见图3-24。

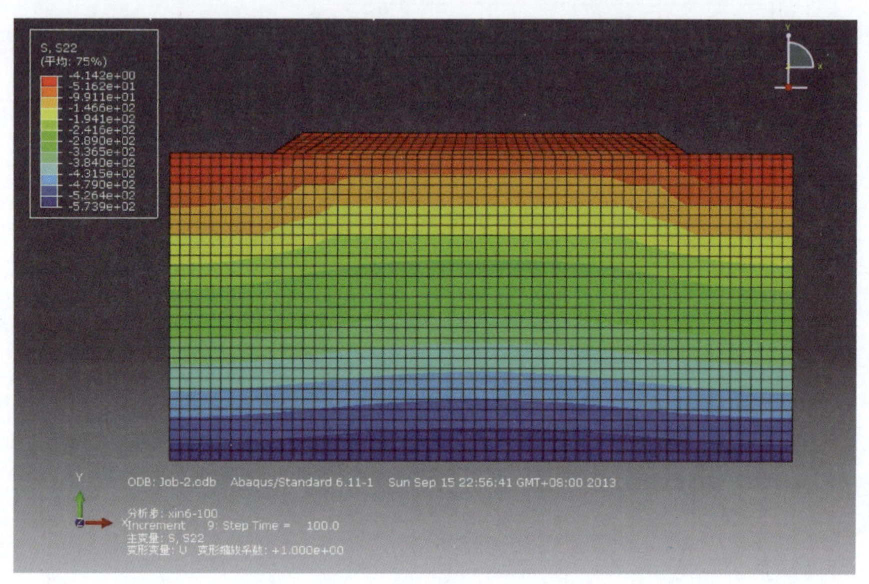

图3-21 新路堤填土施工完成后的应力分布(垫层刚度为50MPa)

垫层刚度为100MPa时新路堤填土施工完成后的应力分布见图3-25,垫层刚度为100MPa时工后路面荷载和运行荷载作用下的应力分布见图3-26,垫层刚度为100MPa时新路基填土完成3个月后的沉降分布见图3-27,垫层刚度为100MPa时工后路面荷载和运行荷载作用下10年的沉降分布见图3-28。

图3-29是垫层弹性模量为50MPa时的地基表面不同时期沉降对比,图3-30是垫层弹性模量为100MPa时地基表面不同时期沉降对比。对比图2-5、图3-27与图3-28,新路堤下进行适当的处理,与未做处理时(地基弹性模量取4.5MPa)相比,可以在一定程度上减少沉降的最大值。数值模拟计算出旧路基沉降变化曲率为0.26,新路基沉降变化曲率为0.28;最大沉降仍位于荷载的形心(新路肩处),最大值从未处理时的约38mm减少到约36mm,而工后沉降几乎没有变化。

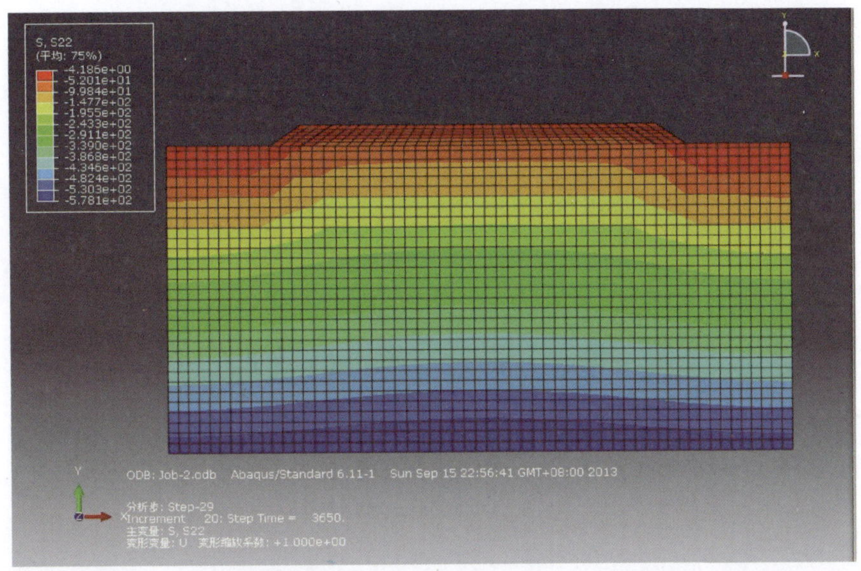

图 3-22 工后路面荷载和运行荷载作用下的应力分布(垫层刚度为 50MPa)

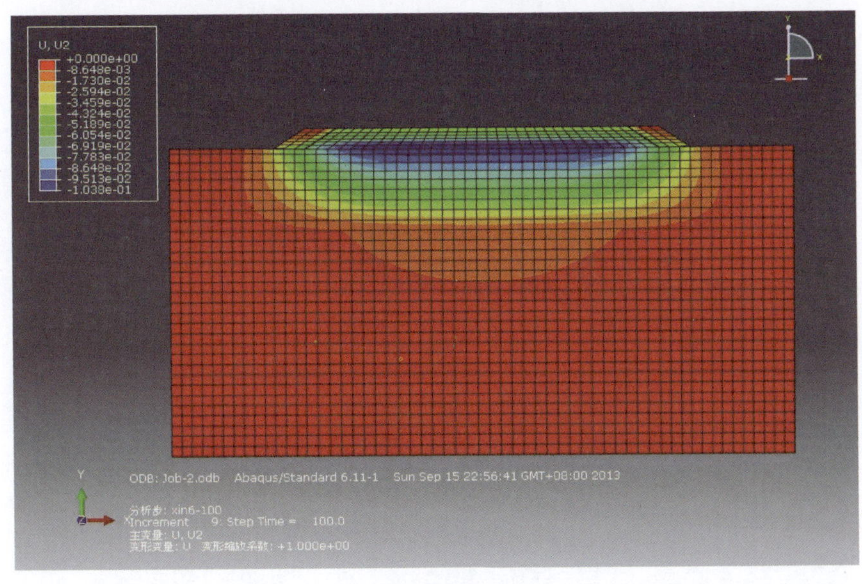

图 3-23 新路堤填土完成后 3 个月后的沉降分布(垫层刚度为 50MPa)

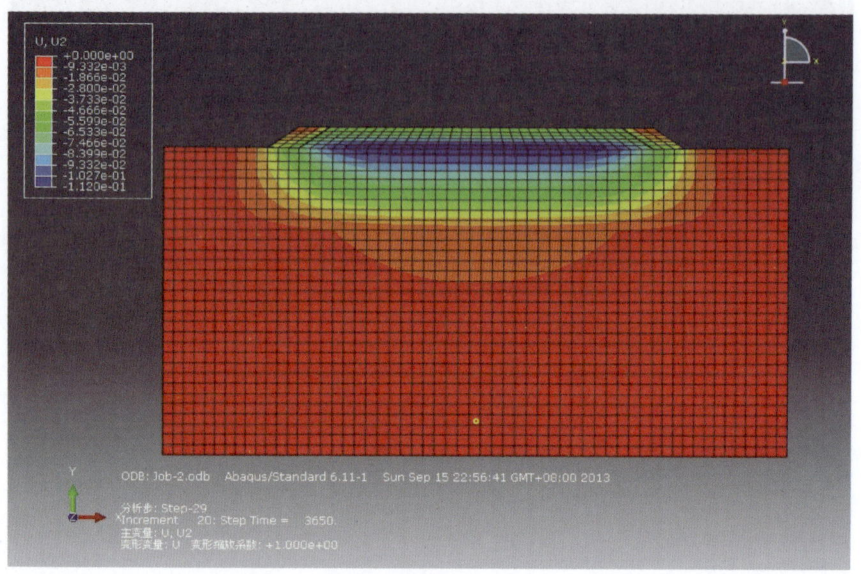

图 3-24 工后路面荷载和运行荷载作用下 10 年的沉降分布(垫层刚度为 50MPa)

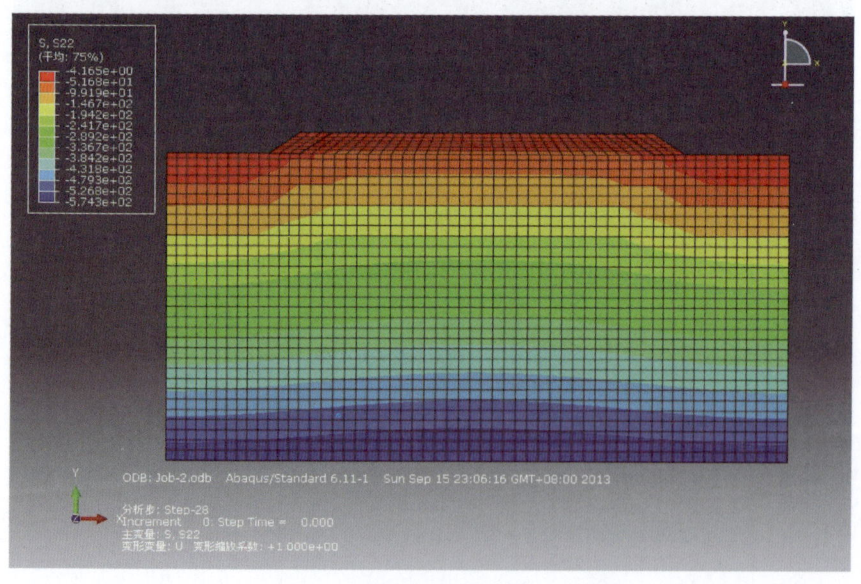

图 3-25 新路堤填土施工完成后的应力分布(垫层刚度为 100MPa)

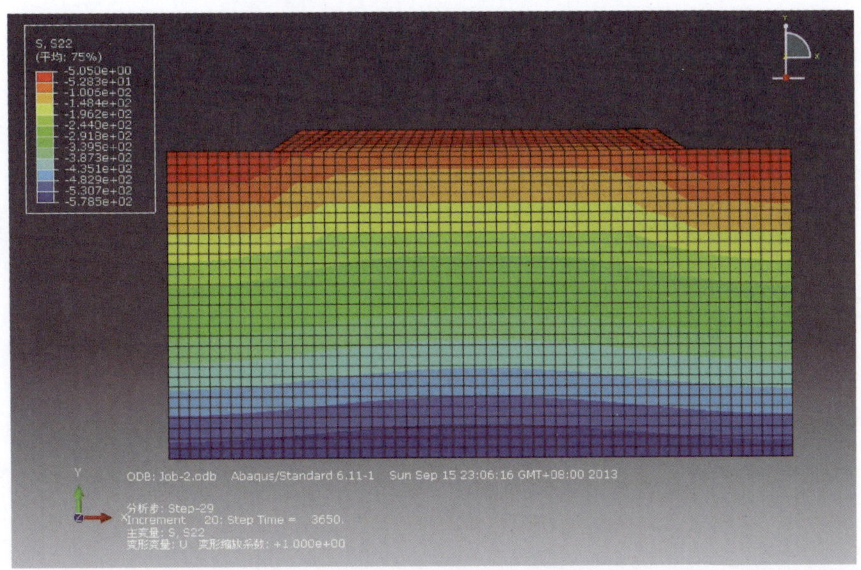

图 3-26　工后路面荷载和运行荷载作用下的应力分布(垫层刚度为 100MPa)

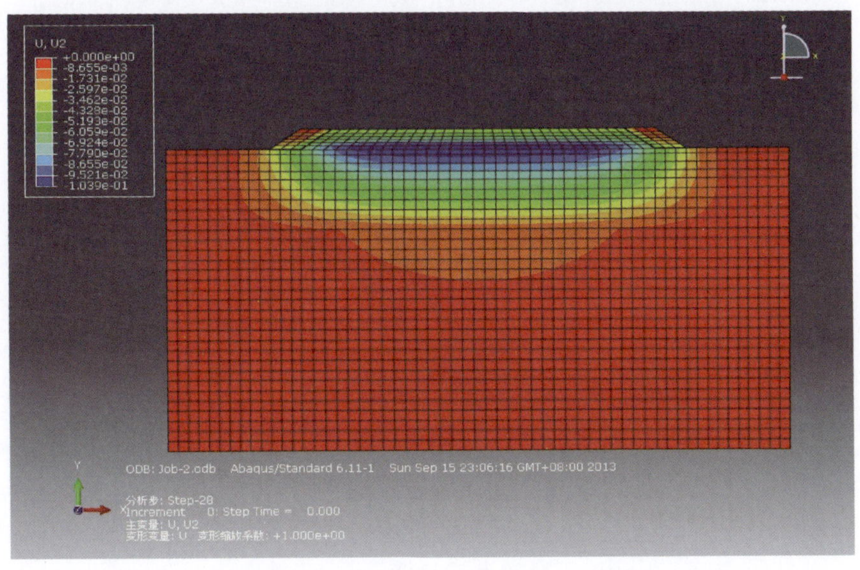

图 3-27　新路堤填土完成后 3 个月的沉降分布(垫层刚度为 100MPa)

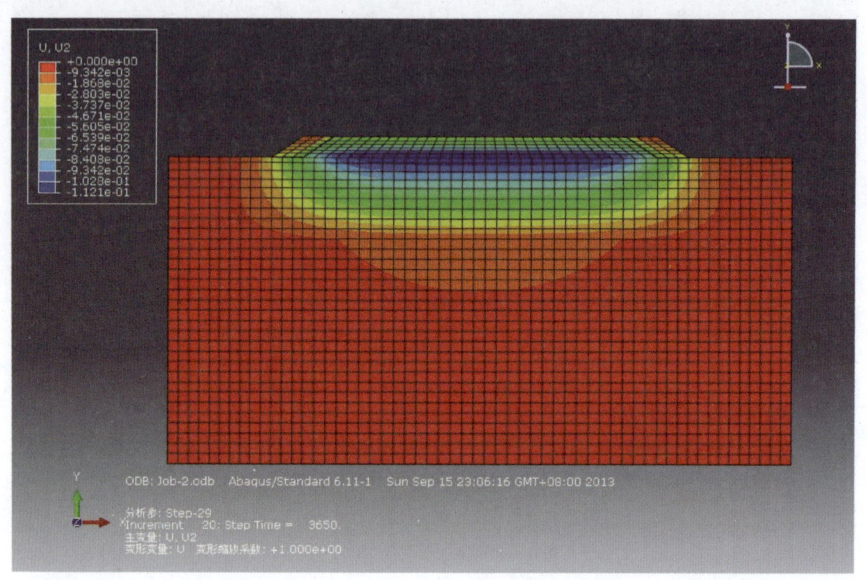

图 3-28 工后路面荷载和运行荷载作用下 10 年的沉降分布(垫层刚度为 100MPa)

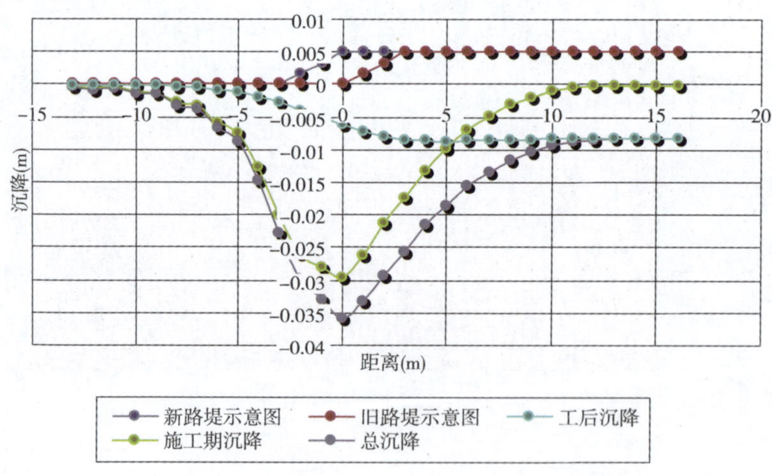

图 3-29 垫层弹性模量为 50MPa 时的地基表面不同时期沉降对比

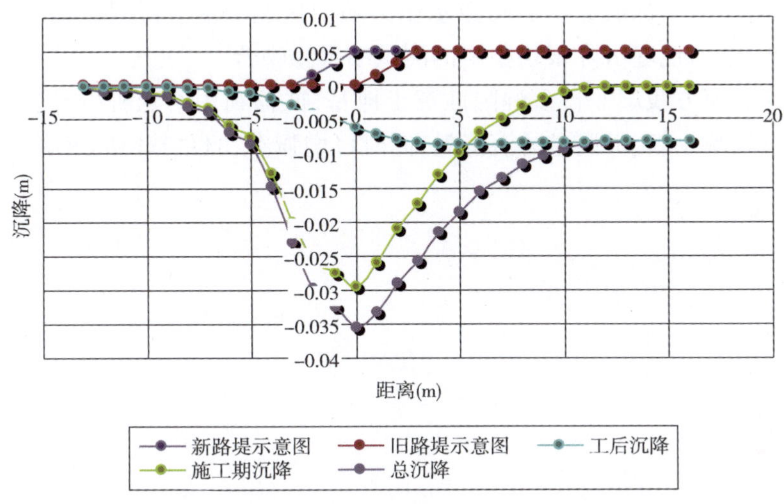

图 3-30　垫层弹性模量为 100MPa 时地基表面不同时期沉降对比

3.7　本 章 小 结

试验段 K42 +900 ~ K43 +000、K42 +950 ~ K43 +050 以及 K43 +300 ~ K43 +400 地质条件均为浅层非自重湿陷性黄土路基，填方高度均为 2m。分别采取了简易石灰桩、加铺水泥石灰层以及冲击压实三种试验方案对路基进行处理，根据对测试结果和数值分析结果的分析，可以得到以下结论：

①对于浅层非自重湿陷性黄土路基，若不对路基进行有效处理，新路肩对应处沉降将达到 50mm 左右，该计算值与实测值的结果接近。在新路堤填土荷载、路面结构荷载和运行荷载作用下，最大沉降发生在荷载形心（即新路肩处），其值为约 40mm。

②现有路基设计规范中横坡比不足以表征路基沉降变化规律。本研究提出新的指标——路基沉降变化曲率，可表征路基不同深度范围内沉降变化规律。通过对比新、旧路基平均沉降变化曲率，明确新、旧路基的沉降协同程度。

③通过对比数值模拟结果与实测结果，本研究建立的数值模型可有效预测路基的沉降量与路基差异沉降。

④根据不同时间孔隙水压力随填土高度变化得出:随着填土高度的增加,孔隙水压力增加,但是当加载完毕后孔隙水压力随即快速消散。说明该地基土排水固结速率很快,这与地基沉降很快稳定的测试结果相吻合。

⑤对于低填方浅层非自重湿陷性黄土地基,推荐利用石灰桩处理新、旧路基,该措施可有效减小新、旧路基总沉降量,同时可增强新、旧路基协同沉降。

第4章　高填方浅层非自重湿陷性黄土段路基拓宽试验结果与分析

4.1　试验段概况

试验段K48+500~K48+600、K48+600~K48+700段为浅层非自重湿陷性黄土路基，填方高度为6.5m，拓宽方式为双侧拓宽。旧路基采用冲击压实方式处理。

地质情况取自辽宁省交通规划设计院提供的《大庆至广州高速公路赤峰至茅荆坝段路线工程地质说明书》；K48+600~K48+700段无准确勘查报告，该段的地质情况取自相邻的K47+300断面，具体地质情况见表4-1，地下水位在3~4m。可以看出，该段土质属于非自重湿陷性黄土，黄土地基会随着含水率的增高发生很大的非自重湿陷性变形，对路基造成严重损坏。

K48+600~K48+700地质情况　　表4-1

岩性描述	取样位置(m)	承载力基本容许值(kPa)	天然含水率(%)	饱和度(%)	液限(%)	塑限(%)	自重湿陷系数	湿陷系数	湿陷起始压力(kPa)	黏聚力(kPa)	内摩擦角(°)
黄土状粉质黏土；褐黄色，稍湿润，硬塑，具大孔隙，垂直节理发育，2.3~2.7m夹层薄卵石	2	150	13.8	35.7	29.1	19.4	0.074	0.134	7	37.1	22.7
	3		14.4	50.4	28.7	19.2	0.016	0.031	56	48.6	23.4
	4		12.9	64.1	29.7	19.6	—	0.010	—	—	—
	5		19.1	65.9	27.9	19.0	0.015	0.033	100	40.3	22.9
	6		21.8	—	29.8	19.6	—	—	—	—	—
	7		19.2	65.3	28.1	19.0	1.014	0.015	200	37.1	22.2
	8		18.9	64.6	27.0	18.6	—	0.037	—	—	—

将路堤荷载投影到水平面上形成一个梯形角荷载，见图 4-1，附加应力最大点为荷载形心对应处，该点位于新路肩之外。

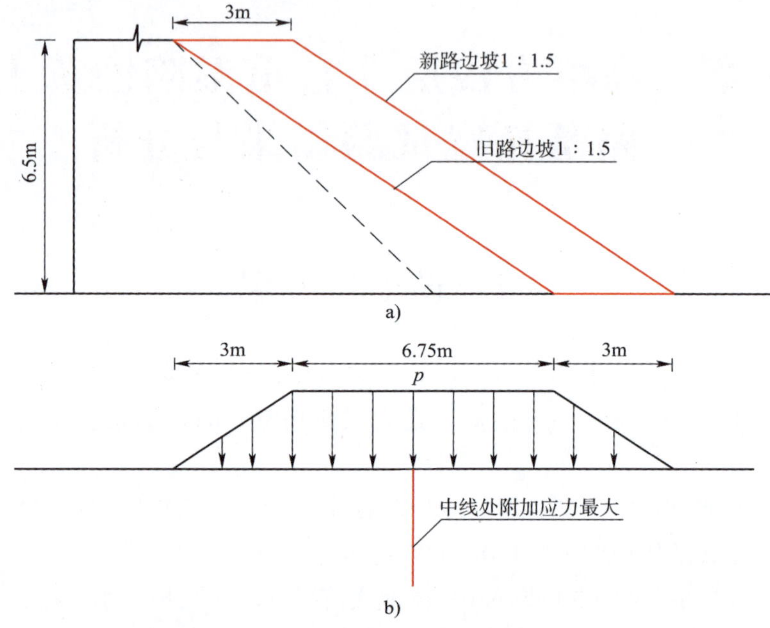

图 4-1　新填筑路基理论产生的附加荷载示意图

沉降计算方法参照第三章相关内容。未处理新路基平均沉降曲率为 0.43，未处理旧路基平均沉降曲率为 0.31，新旧路基结合处沉降量为 72mm，沉降计算结果见表 4-2。实测新旧路基结合处标高为 748.612m，设计标高为 748.681m，工后沉降 69mm，与数值模拟结果接近 。

分层总和法计算地基沉降量　　表 4-2

深度(m)	附加应力(kPa)	压缩模量(MPa)	沉降(mm)
1	56.73	—	7.37
2	55.39	7.7	14.56
3	52.75	10.8	29.45
4	49.32	13.9	42.99
5	45.62	22.0	55.07
6	42.00	—	63.63
7	38.64	11.8	68.90
8	35.61	8.0	72.35

注：未提供压缩模量的土层采用相邻下一层土体的压缩模量。

4.2　挤密砂桩路基沉降变形特性

K48 +500 ~ K48 +600 段采用砂桩处理拓宽部分地基，见图 4-2，砂桩直径 40cm，自原地面起，桩长 5m，桩间距 120cm，梅花形布桩。施工顺序为从路基外侧向旧路方向施工。砂桩所使用的砂砾要求级配良好，最大粒径不大于 10cm。

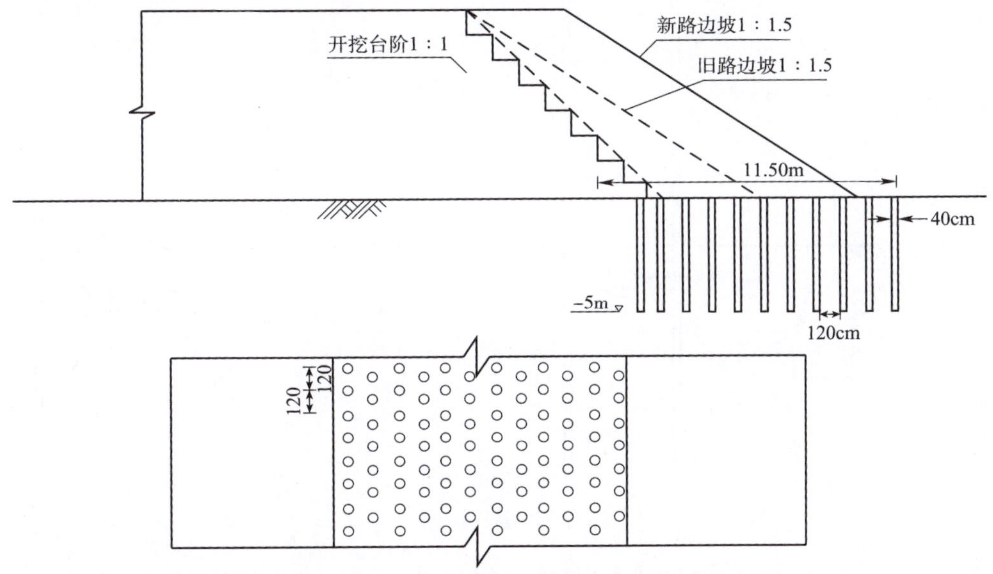

图 4-2　K48 +500 ~ K48 +600 砂桩 + 预压段施工图（尺寸单位：cm）

挤密砂桩使用沉管振动法施工，其主要加固机理为：

①挤密作用。成桩过程中桩管对周围土层产生很大的横向及压力，桩管体积的土体挤向桩管周围的土层，使桩管周围的砂土、粉土层孔隙比减小，密实度增大，降低黄土的湿陷效应。

②排水减压作用。成桩后，砂桩的填料能够在土体中形成有效的排水通道，该通道可以有效地减小填土过程中超静水压力，加速地基的固结沉降。

③置换作用。密实的砂桩在土中取代了同样体积的不良地基土，形成复合地基，使地基承载力有所提高，地基沉降也变小。

本段设置了 2 个观测断面，分别为 K48 +500、K48 +550，其中 K48 +550 为主观测断面，K48 +500 为辅助观测断面。本段试验仪器布置见图 4-3。

砂桩施工完成之后，监理单位采用静力触探法对砂桩强度进行了检测，测点 5

个,检测标准参照文献[47]~[50]。砂桩强度最高为255kPa,最低为200kPa,平均为240kPa。

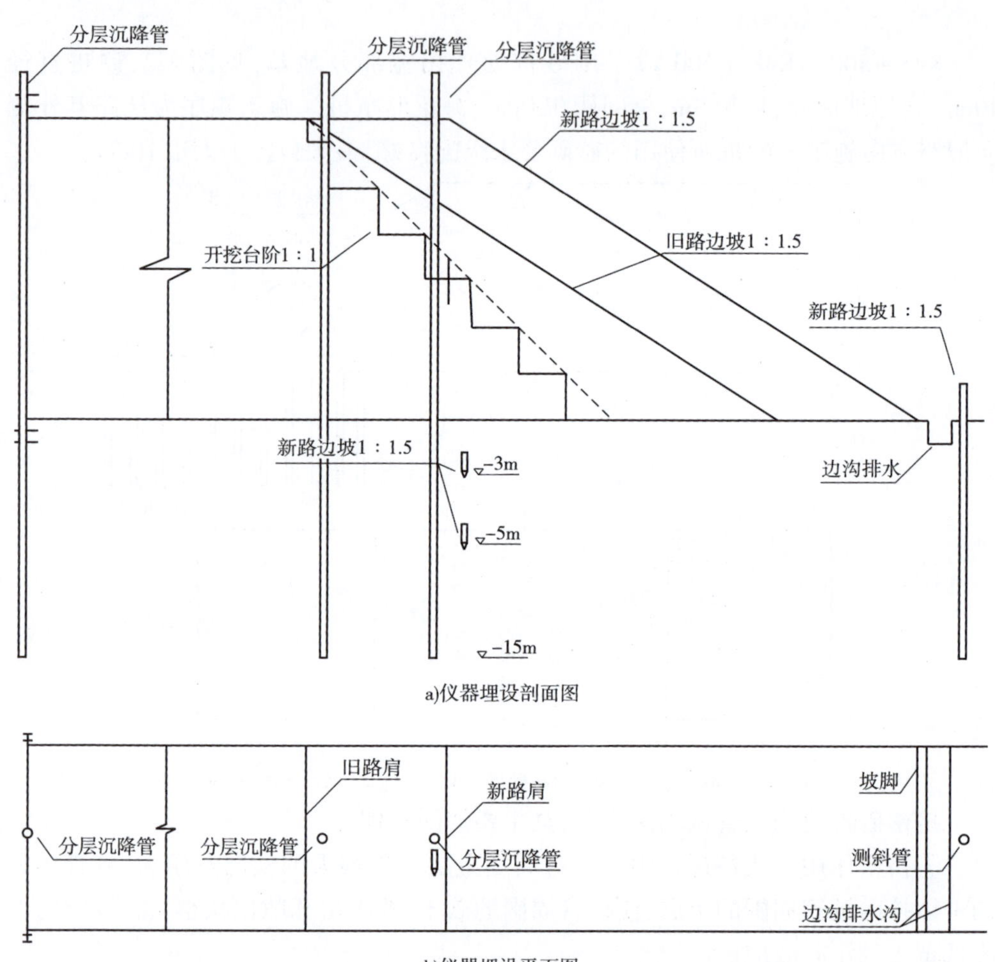

a)仪器埋设剖面图

b)仪器埋设平面图

图4-3　K48+500~K48+600段试验仪器布置图

2011年11月进行监测设备的埋设工作。2012年4月10日开始路堤的填筑。2012年5月1日完成填土。

4.2.1　沉降变形结果与分析

通过原位测试,得到:K48+500旧路肩不同时间地基沉降随填土高度变化,见

图 4-4；K48 +500 旧路肩不同时间地基沉降随深度变化，见图 4-5；K48 +500 新路肩不同时间地基沉降随填土高度变化，见图 4-6；K48 +500 新路肩不同时间地基沉降随深度变化，见图 4-7；K48 +550 旧路肩不同时间地基沉降随填土高度变化，见图 4-8；K48 +550 旧路肩不同时间地基沉降随深度变化，见图 4-9；K48 +550 新路肩不同时间地基沉降随填土高度变化，见图 4-10；K48 +550 新路肩不同时间地基沉降随深度变化，见图 4-11。

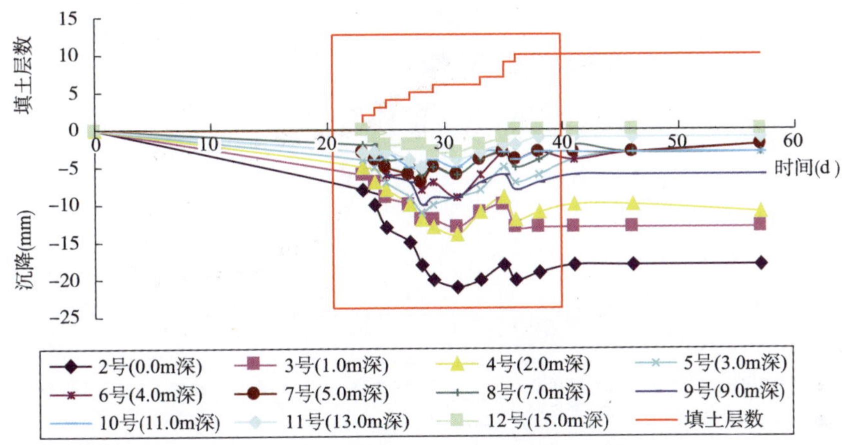

图 4-4　K48 +500 旧路肩不同时间地基沉降随填土高度变化

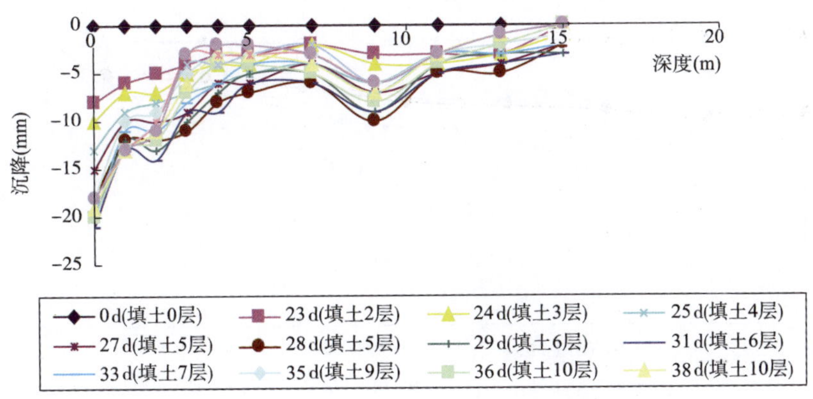

图 4-5　K48 +500 旧路肩不同时间地基沉降随深度变化

本段沉降管埋深 15m，试验假定 15m 深度处地基土层不沉降，采用管底标高法对磁环标高进行计算，该计算方法忽略了15m以下土体沉降。K48+550旧路肩的深层沉降管被破坏后进行了修复，其中分层沉降管被堵塞，仅监测到地下7m。计算沉降管上磁环标高时，假定7m处为不动的基准点，这样计算得到的地基沉降与实际沉降变形不符，导致所得到的沉降量偏小，该测试结果仅作参考。

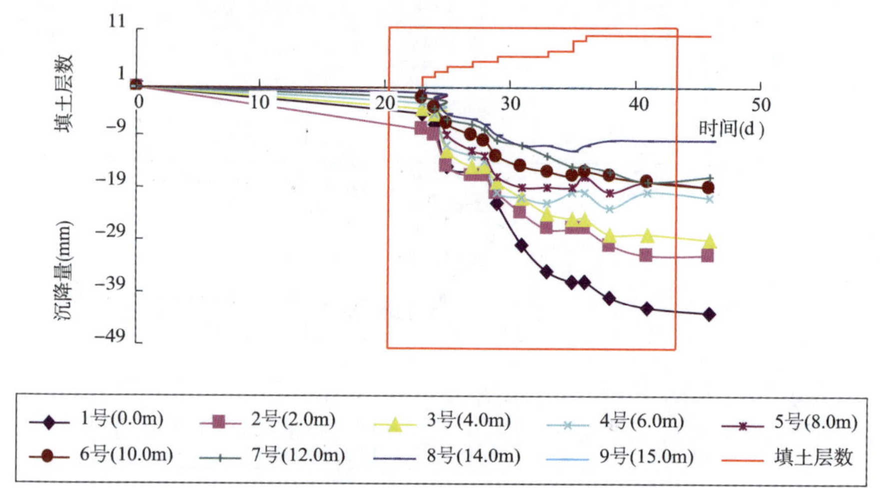

图4-6　K48+500新路肩不同时间地基沉降随填土高度变化

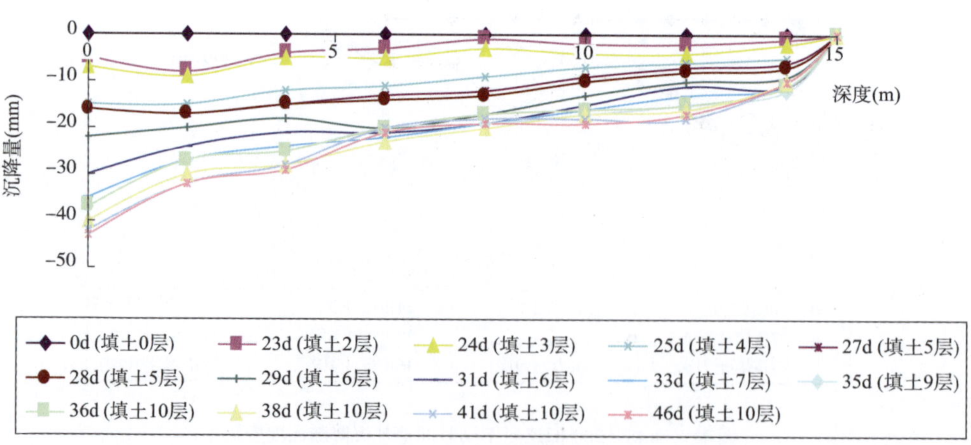

图4-7　K48+500新路肩不同时间地基沉降随深度变化

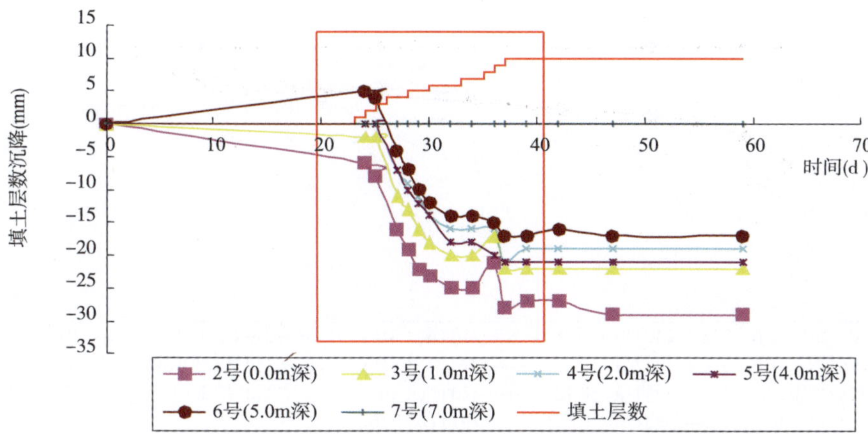

图 4-8　K48 + 550 旧路肩不同时间地基沉降随填土高度变化

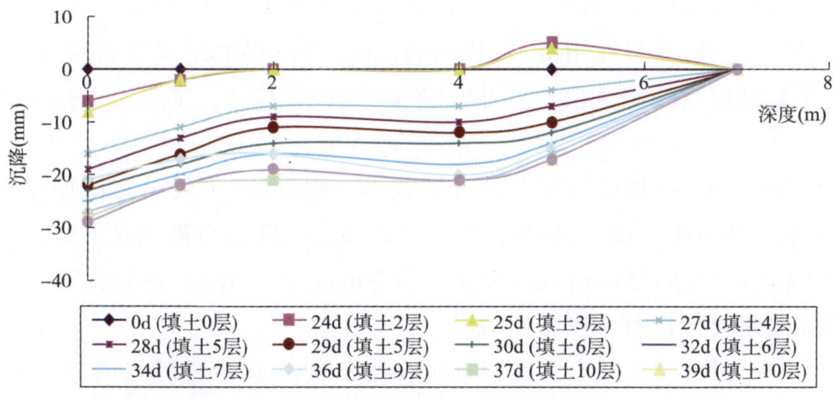

图 4-9　K48 + 550 旧路肩不同时间地基沉降随深度变化

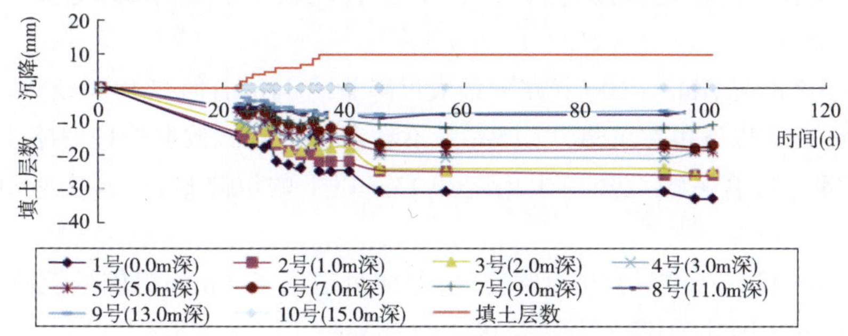

图 4-10　K48 + 550 新路肩不同时间地基沉降随填土高度变化

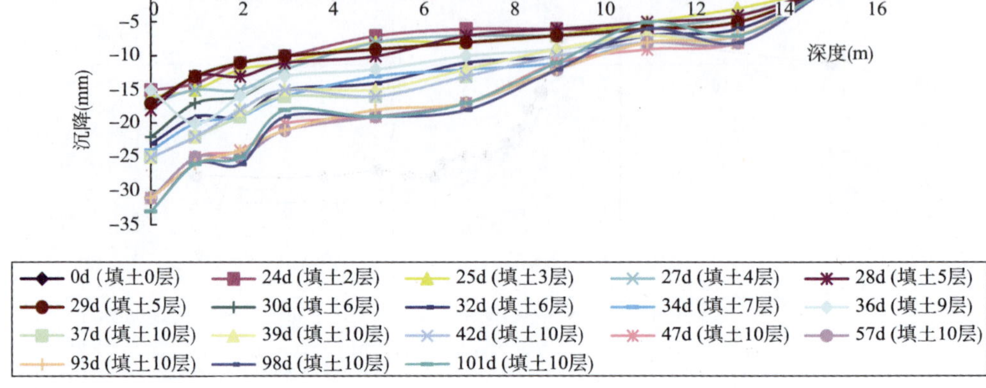

图 4-11　K48 + 550 新路肩不同时间地基沉降随深度变化

K48 + 500 和 K48 + 550 两个断面的测试结果相差较大。K48 + 550 旧路肩处的分层沉降管被破坏，只能测得 7m 以内的沉降，而测得的结果与新路肩测得值几乎相等，可知新路肩的测试值也偏小。故主要以 K48 + 500 断面的测试结果进行讨论。

从图 4-4 可见：在加载过程中止再加载后，地基沉降不仅没有增加反而减少，这说明监测设备发生了故障，后期路堤填土产生的沉降没有被记录下来。

从图 4-5 可见，旧路肩最大沉降量仅为 20mm，新、旧路肩差异沉降高达 20mm 以上，这个结果可能没有反映真实情况。

从图 4-6 可见，随着填土高度和时间的增加，地基沉降也随之增加。随着填土的完成，沉降很快趋于稳定，但由于在填土完毕后仅数天即终止沉降测试，故图 4-6 上沉降还没有完全稳定；但从图 4-8 中可见，在加载完毕后约 20d 左右沉降即可稳定。

从图 4-7 可见，K48 + 500 新路肩最大沉降量约 44mm；但在 14m 处仍有较大沉降量，说明 15m 以下也在沉降，以 15m 为不动点进行测试数据处理忽略了 15m 以下的沉降量。综合考虑沉降尚未稳定和 15m 以下的沉降量，可知实际沉降应大于 44mm。

从图 4-8 可见，K48 + 550 旧路肩处，即使只记录了 7m 深范围的沉降，沉降量也达到 28mm。因此，旧路肩沉降应该大于 28mm。

综上所述，根据测试结果分析，新路肩沉降应该大于 44mm，旧路肩应该大于

28mm；新路基沉降变化曲率为 0.18，旧路基沉降变化曲率为 0.13。后文将结合数值模拟结果进一步分析新、旧路肩的沉降量和差异沉降。

4.2.2　地基水平位移结果与分析

根据原位测试，得到 K48 +500、K48 +550 段不同时间地基水平位移随深度变化关系，分别见图 4-12、图 4-13。从图中可以看出：地基水平位移较小，整体变化不大，在 2mm 内摆动，这与地基沉降变形较小吻合，也反映出地基稳定、没有侧移失稳的可能。

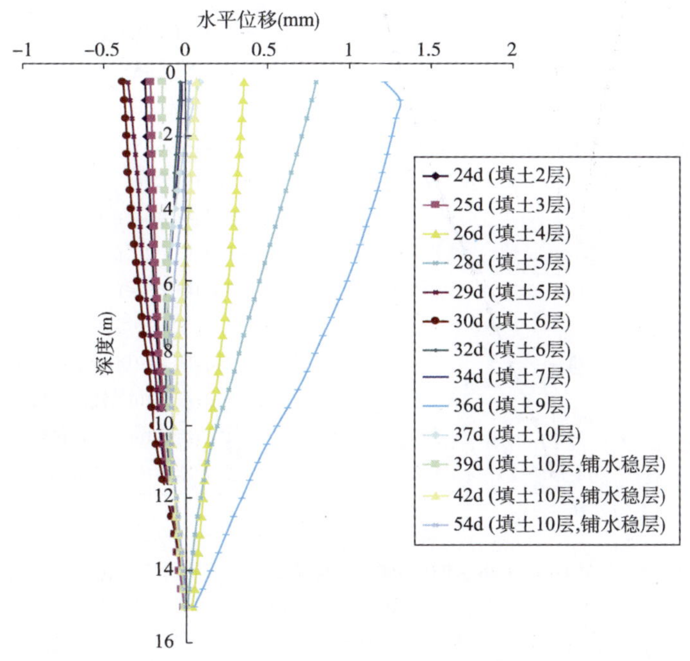

图 4-12　K48 +500 不同时间地基水平位移随深度变化

4.2.3　孔隙水压力结果与分析

图 4-14、图 4-15 分别为 K48 +500 与 K48 +550 两断面不同时间孔隙水压力随填土高度变化。这两个断面的孔隙水压力计在路堤填土施工过程中受到破坏，后经修复。从图中可以看出，孔隙水压力随填土荷载的变化关系规律性不强，但是都表明在加载完毕后孔隙水压力很快消散，说明该土质条件下土体可以很快完成排

水固结。这个孔隙水压力测试结果是在砂桩处理区获得的，由于砂桩的存在使孔隙水压力消散加快，所以在旧路基下无砂桩区域的孔隙水压力消散速率可能比该测试数据慢。这个结果与分层沉降测试数据显示的沉降在填土加载完毕后很快稳定的结果吻合。

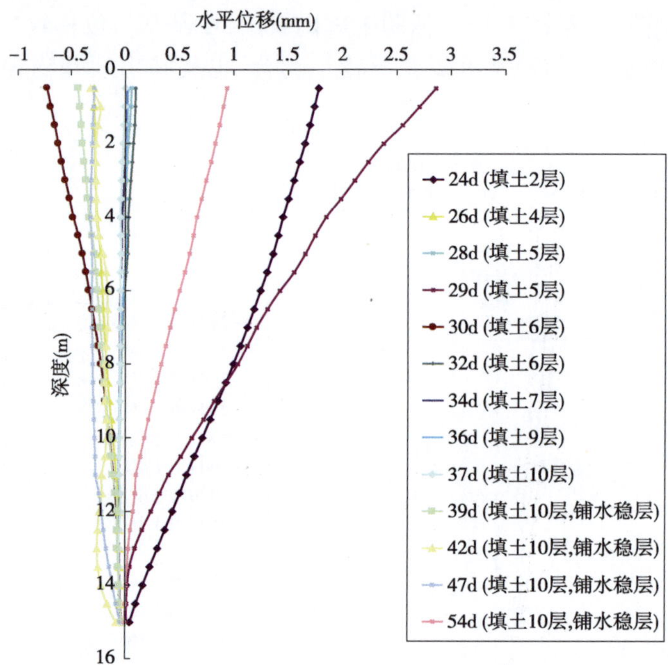

图 4-13　K48 + 550 不同时间地基水平位移随深度变化

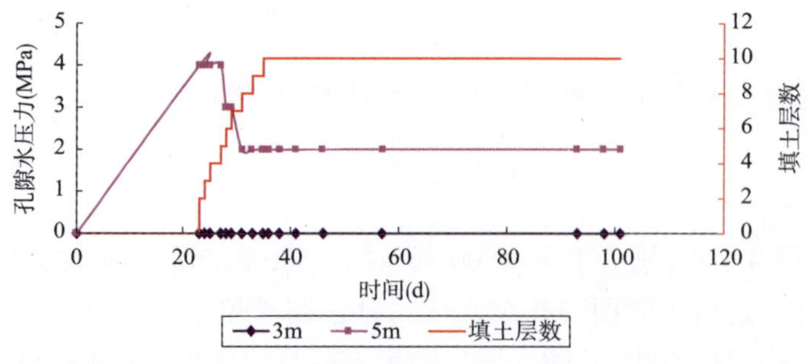

图 4-14　K48 + 500 不同时间孔隙水压力随填土高度变化

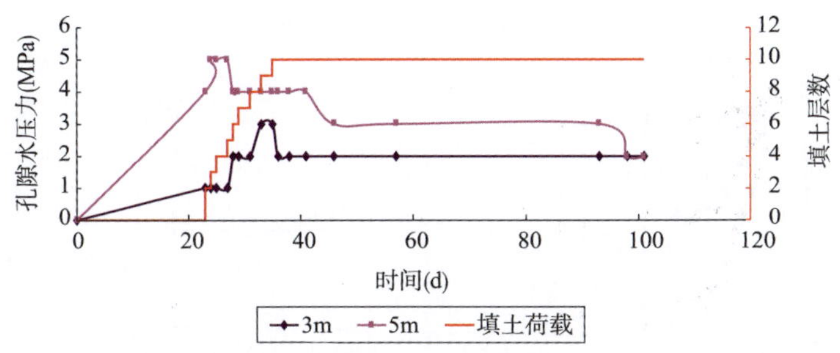

图 4-15　K48 +550 不同时间孔隙水压力随填土高度变化

4.3　预压路基沉降变形特性

K48 +600 ~ K48 +700 段采用超载预压处理拓宽部分地基。根据设计要求，拓宽路基填筑完成之后，在拓宽路基及新旧路基结合部进行超载预压，预压高度 3.5m，预压时间大于 90d。在预压作用下，黄土孔隙率降低，湿陷效应得以改善，并且地基在预压作用下提前固结，可以降低工后沉降，减小新、旧路基的差异沉降。

本段设置了 2 个观测断面，分别为 K48 +600、K48 +650，其中 K48 +650 为主观测断面，K48 +600 为辅助观测断面。加固方案见图 4-16。监测设备布置见图 4-3。

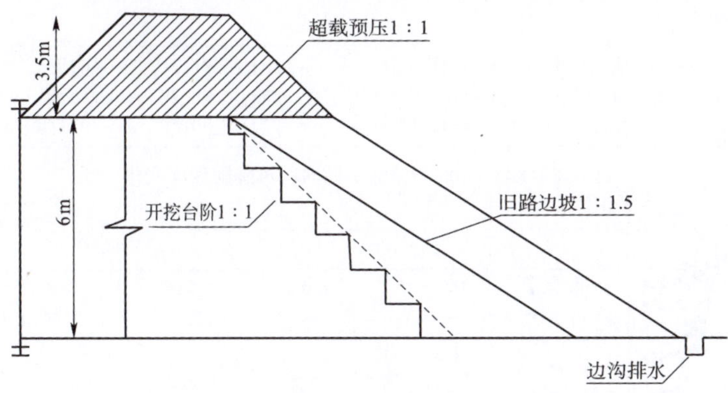

图 4-16　预压施工图

2011 年 9 月进行了监测设备的埋设工作。2012 年 9 月 9 日开始路堤的填筑。2011 年 9 月 22 日完成路堤填筑，2011 年 10 月 7 日开始预压。2012 年 6 月完成预压。

4.3.1　沉降变形结果与分析

预压段 K48 +600、K48 +650 断面沉降变形结果见图 4-17 ~ 图 4-25。

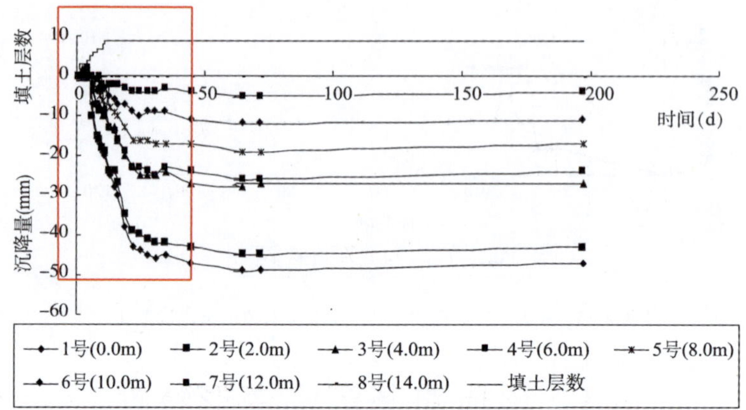

图 4-17 K48 +600 新路肩不同时间沉降随填土高度变化

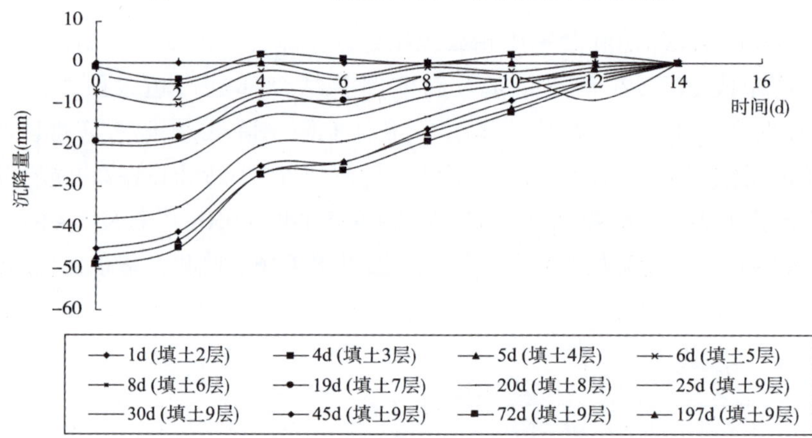

图 4-18 K48 +600 新路肩不同时间沉降随深度变化

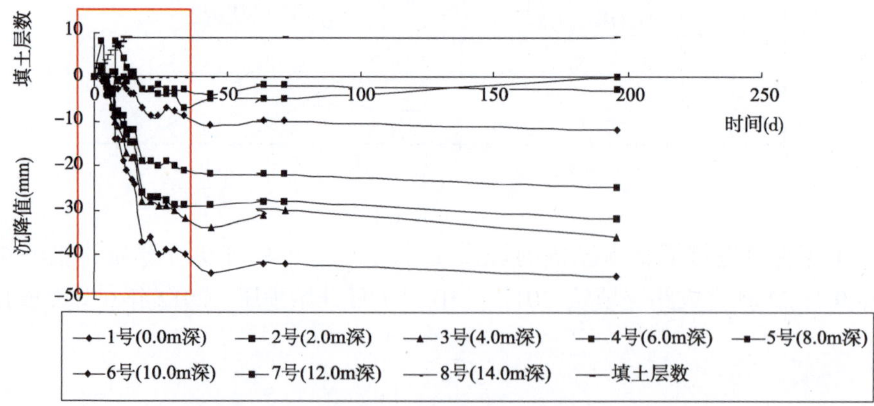

图 4-19 K48 +600 旧路肩不同时间沉降随填土高度变化

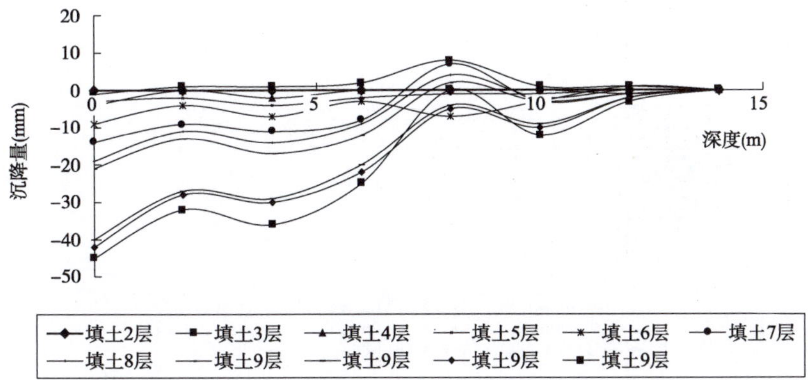

图 4-20　K48 + 600 旧路肩不同时间沉降随深度变化

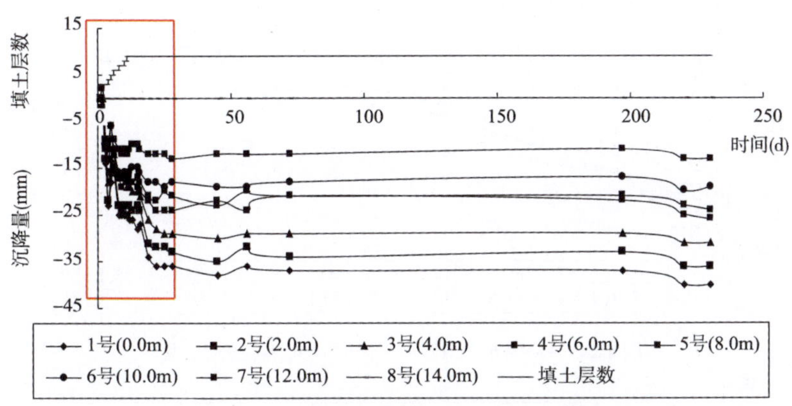

图 4-21　K48 + 650 新路肩不同时间沉降随填土高度变化

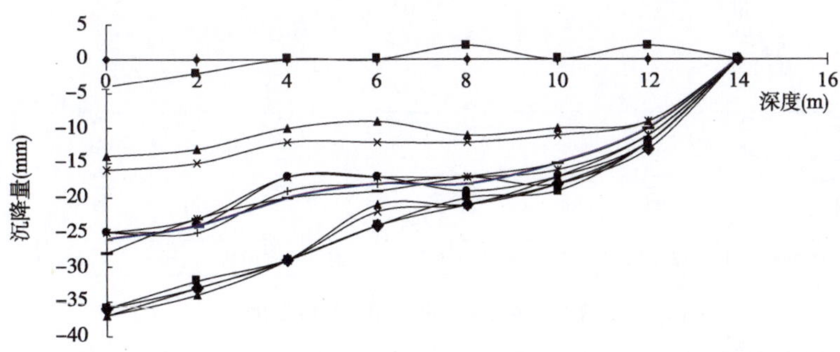

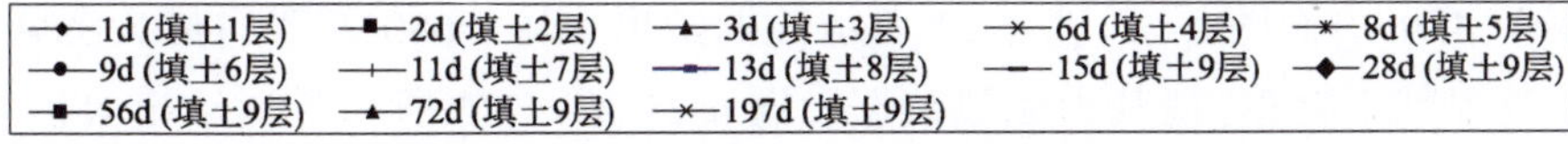

图 4-22　K48 + 650 新路肩不同时间沉降随深度变化

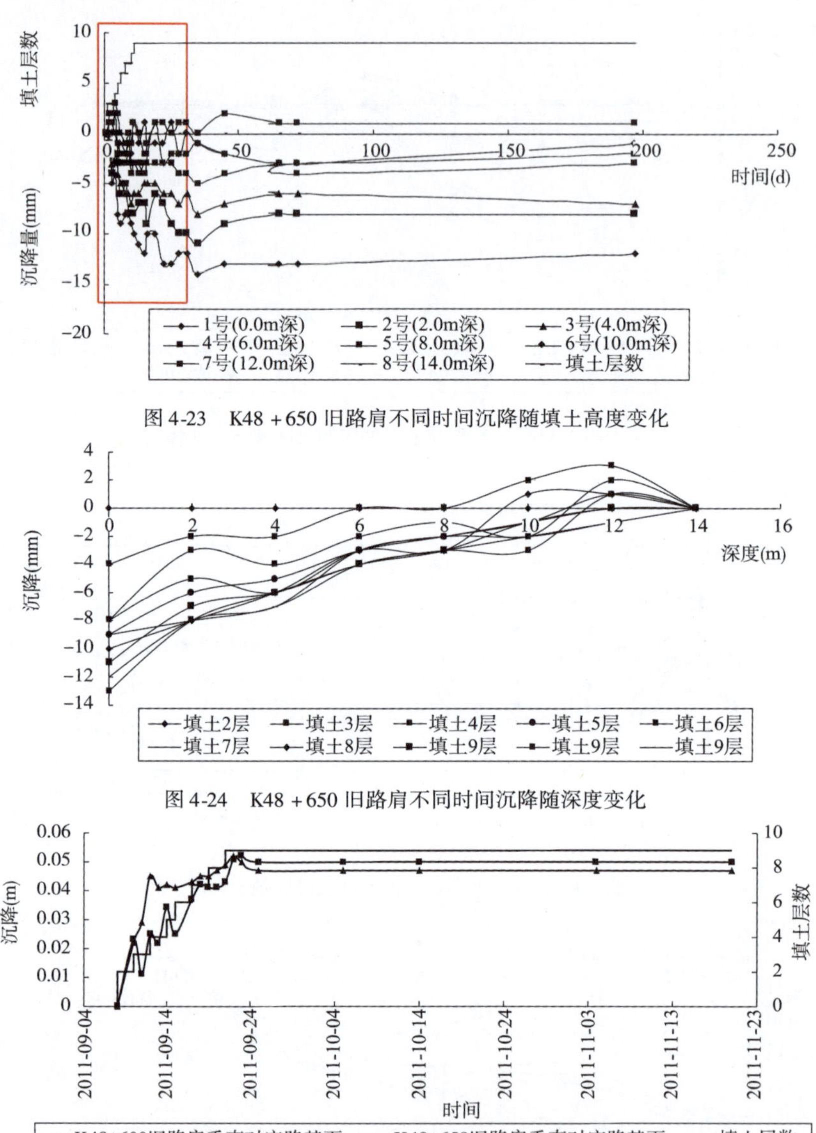

图 4-23　K48 +650 旧路肩不同时间沉降随填土高度变化

图 4-24　K48 +650 旧路肩不同时间沉降随深度变化

图 4-25　不同时间沉降板沉降随填土高度变化

从图 4-17 ~ 图 4-20 可知，K48 +600 新路肩最大沉降量为 51mm、旧路肩最大沉降量为 46mm；而图 4-23、图 4-24 所示数据给出 K48 +650 新路肩最大沉降量为 13mm，这显然不合理，视其为无效数据。图 4-21、图 4-22 所示数据给出 K48 +650 旧路肩最大沉降量为 38mm，较图 4-19、图 4-20 所示 K48 +600 旧路肩沉降值小。

图4-25所示沉降板测得的两旧路肩沉降值在45~50mm。因此,可以认为图4-17~图4-20所示K48+600的沉降特性大体代表该区段地基的沉降特性。当然,以地面下14m作为不动点得到的测试数据,忽略了14m以下的沉降量,所得数据应比实际沉降量偏小。

对比图4-18与图4-7,可知预压段的沉降比砂桩处理段的沉降略大;对比图4-19、图4-21、图4-23等与图4-89、图4-10,可以看出预压段的沉降稳定时间比砂桩处理段的沉降稳定时间长,但在60d内也可以达到稳定。

4.3.2 地基水平位移结果与分析

K48+600、K48+650不同时间地基水平位移随深度变化,分别如图4-26、图4-27所示。从图中可以看出:利用超载预压处理地基,新路基沉降变化曲率为0.35,旧路基沉降变化曲率为0.32,在路堤填土期间总体上地基侧向位移量不大,最大侧向位移在1.5mm以内摆动。当施加超载后,侧向位移增大到8~10mm,但是在超载作用期间保持稳定。这表明路基稳定,不会发生失稳破坏。

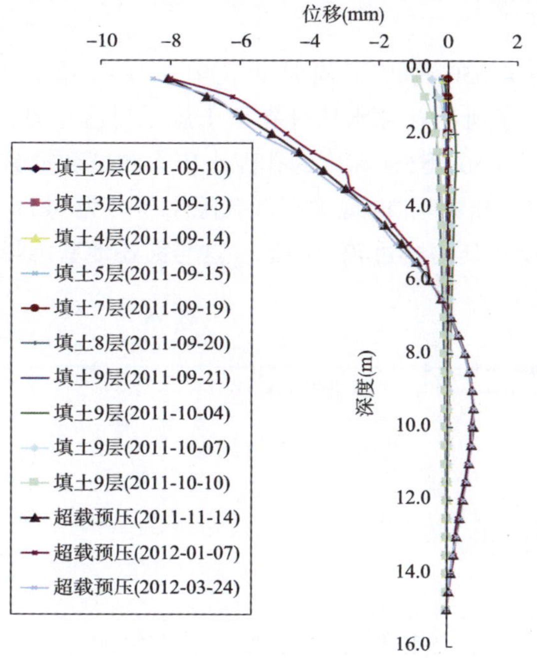

图4-26 K48+600不同时间地基水平位移随深度变化(负值向外)

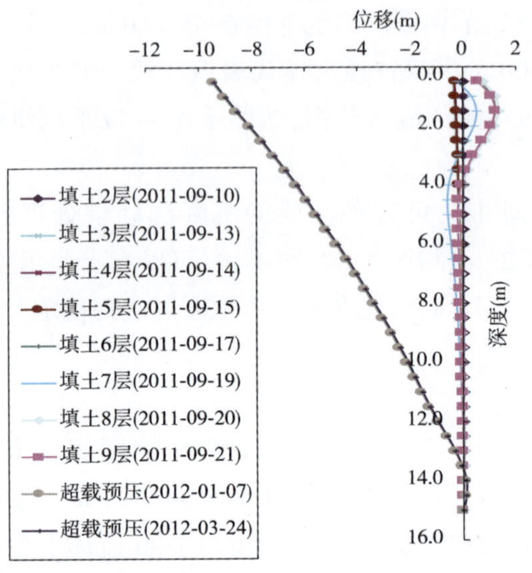

图 4-27　K48 +650 不同时间地基水平位移随深度变化(负值向外)

4.3.3　孔隙水压力分析结果

K48 + 600、K48 + 650 地基不同时间孔隙水压力随填土高度变化分别见图 4-28、图 4-29。由于所有孔隙水压计在填土施工过程中都遭到破坏,虽后经修复,但显然只有 K48 +650 处 5m 深度的孔隙水压力测试数据具有参考意义。随填土荷载的增加,孔隙水压力增加,最大超静孔隙水压力为 6kPa,比 K48 +500 ~600 段大。加载完毕孔隙水压力也可较快消散。这与前述地基沉降在施工期内达到稳定的测试结果吻合。

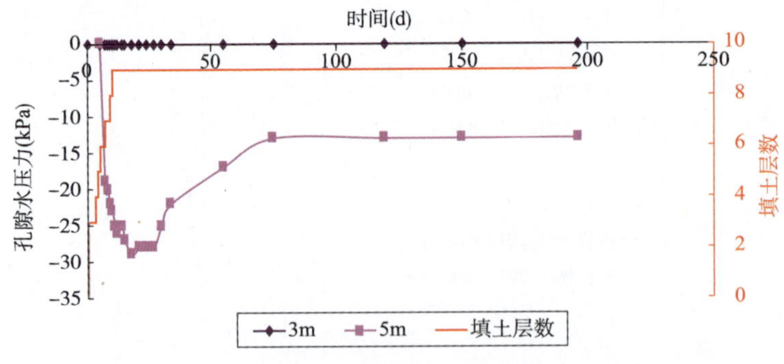

图 4-28　K48 +600 不同时间孔隙水压力随填土高度变化

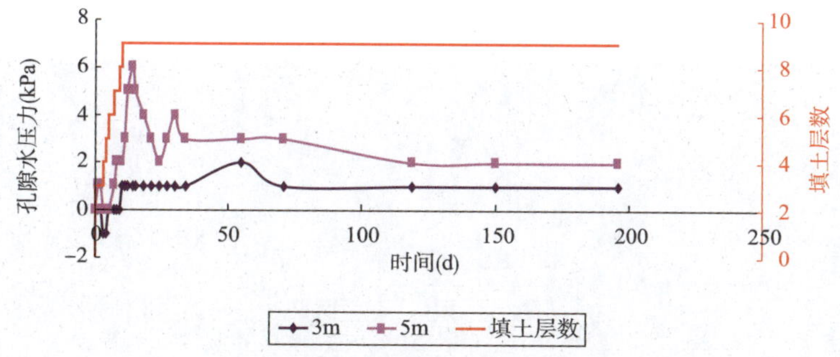

图 4-29　K48 +650 不同时间孔隙水压力随填土高度变化

4.4　数 值 分 析

分别对采用砂桩处理和预压处理的路基进行了填土施工期沉降和工后沉降的数值模拟,相关计算模型和计算参数与计算步骤详见 2.2.1 节。

对于砂桩处理段,图 2-17 是新路基施工前在旧路堤作用下的应力分布,新路堤填土施工完成后的应力分布见图 4-30,工后路面荷载和运行荷载作用下的应力分布见图 4-31,新路基施工前在旧路堤作用下的位移分布见图 2-21,填土完成 3 个月后的沉降分布见图 4-32,工后路面荷载和运行荷载作用下 10 年的沉降分布见图 4-33。

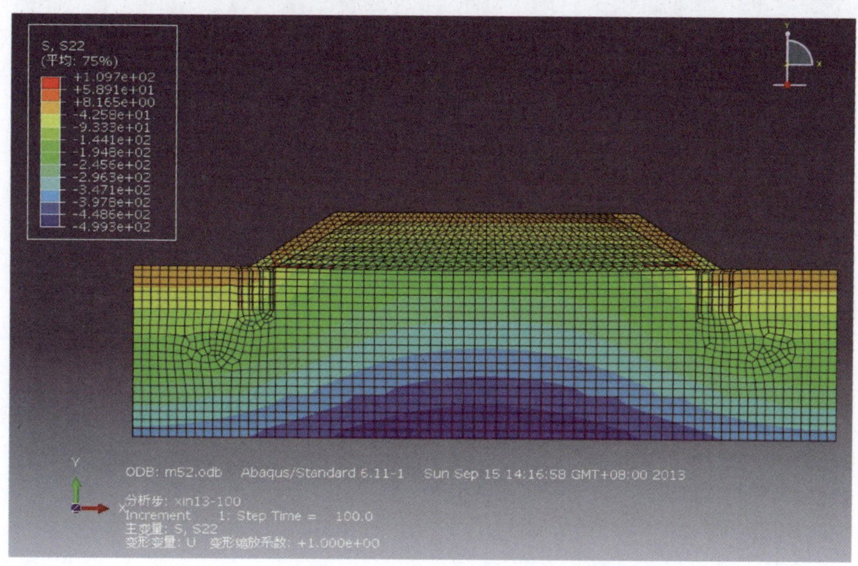

图 4-30　新路堤填土施工完成后的应力分布(砂桩)

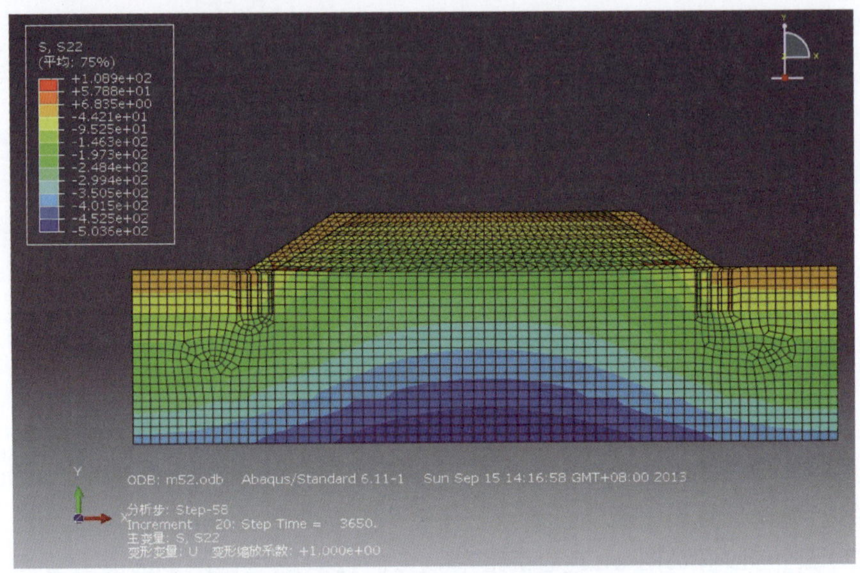

图 4-31 工后路面荷载和运行荷载作用下的应力分布(砂桩)

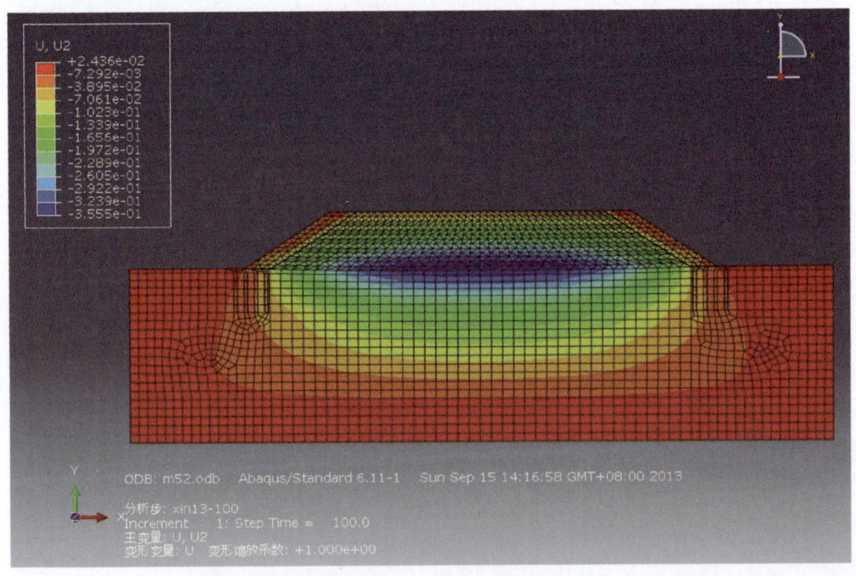

图 4-32 新路堤填土完成 3 个月后的沉降分布(砂桩)

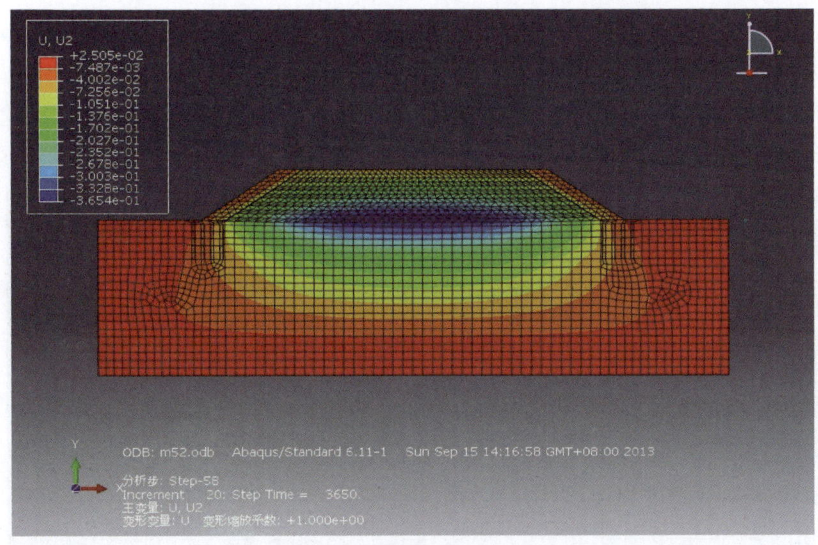

图 4-33　工后路面荷载和运行荷载作用下 10 年的沉降分布(砂桩)

根据上述数值分析的结果汇总的砂桩处理地基各工况地面沉降对比,见图 4-34。经砂桩处理后最大沉降为 53mm,最大沉降位置在新路基坡脚内侧,沉降自该处向路中逐步减小,沉降变化梯度为 0.2%;施工期的最大沉降,在新路肩处为 42mm,与实测数据相近,在旧路肩处为 31mm;在路面荷载和车辆运行荷载作用下的总沉降,最大值为 55mm,新路肩处为 48mm;工后沉降最大值为 12mm 左右,发生在路中,新路肩处工后沉降为 7mm 左右。

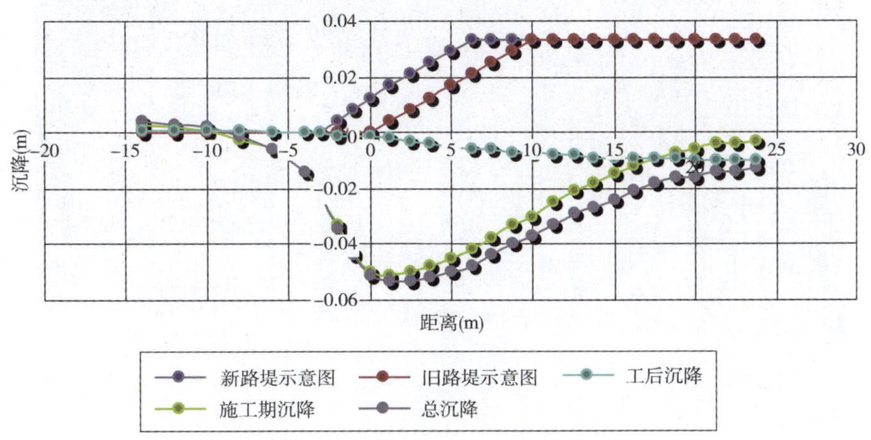

图 4-34　砂桩处理地基各工况地面沉降对比

对于预压处理段,图 2-26 是新路基施工前在旧路堤作用下的应力分布,新路堤填土施工完成后的应力分布见图 4-35,工后路面荷载和运行荷载作用下的应力分布见图 4-36,新路基施工前在旧路堤作用下的位移分布见图 2-29,填土完成 3 个月后的沉降分布见图 4-37,工后路面荷载和运行荷载作用下 10 年的沉降分布见图 4-38。

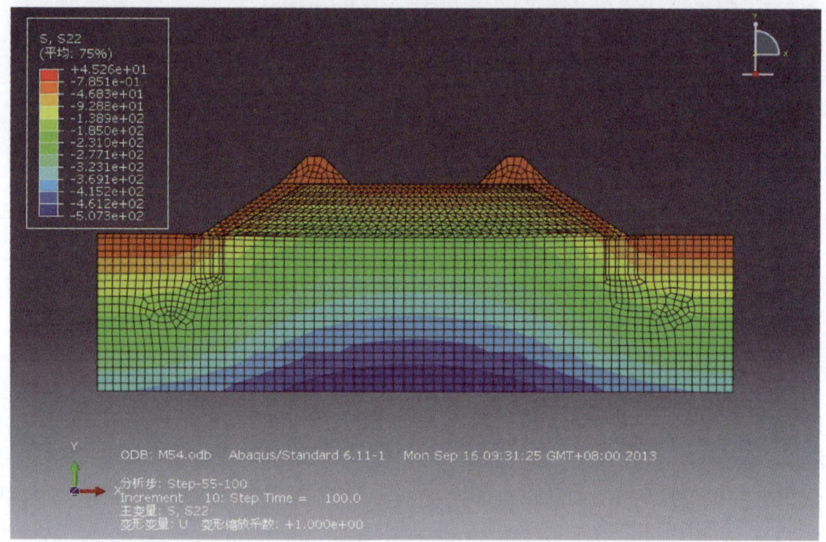

图 4-35 新路堤填土施工完成后的应力分布(预压)

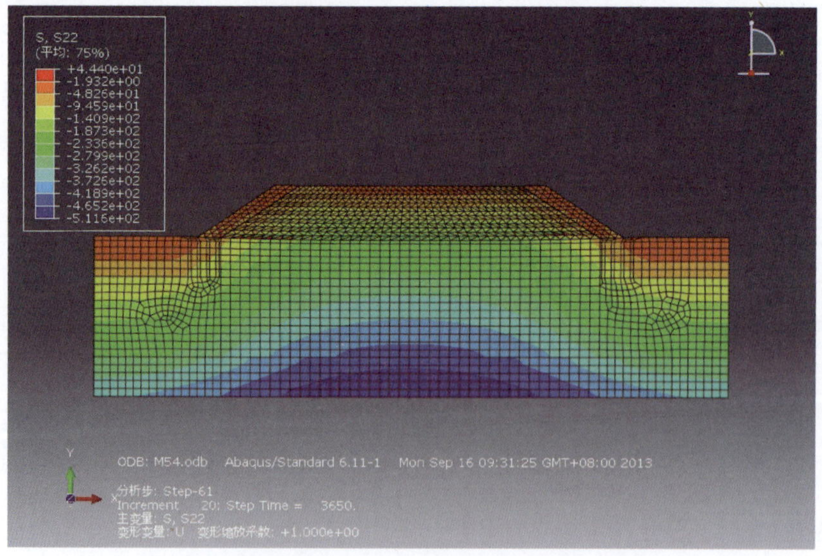

图 4-36 工后路面荷载和运行荷载作用下的应力分布(预压)

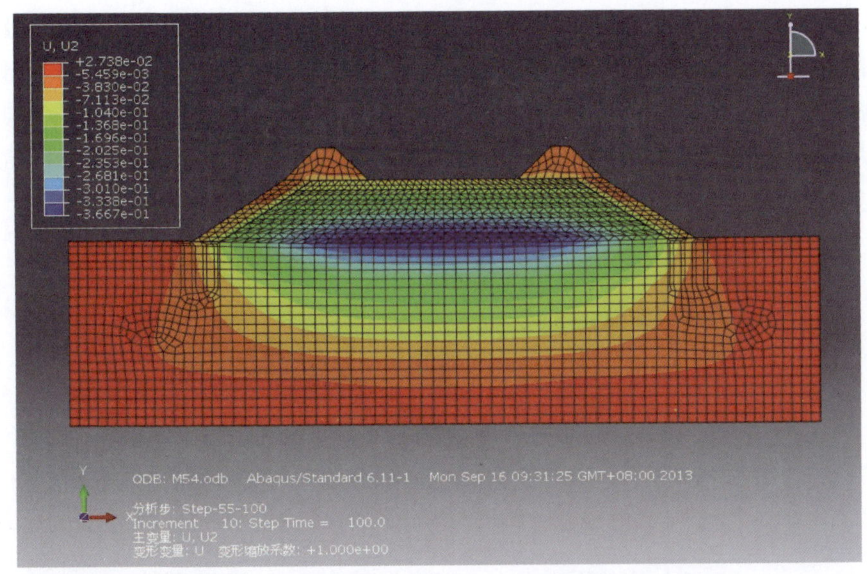

图4-37　新路堤填土完成3个月后的沉降分布(预压)

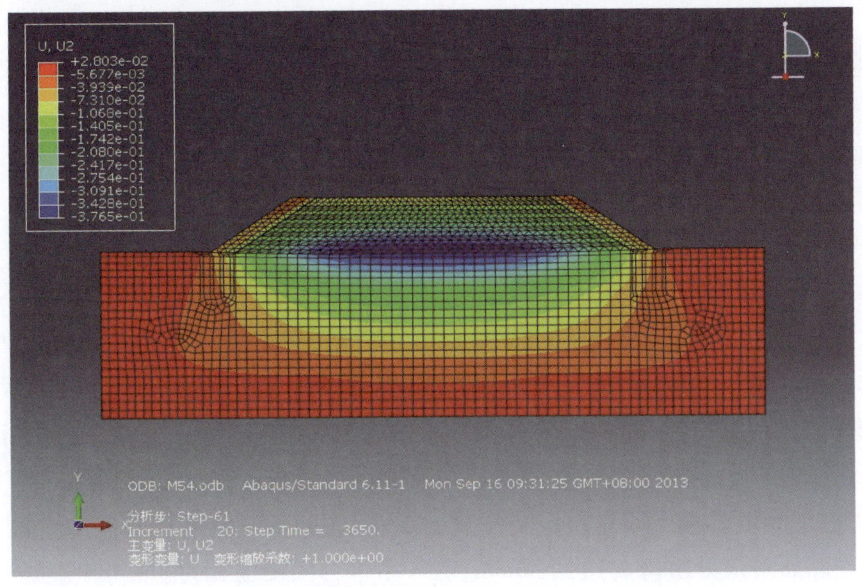

图4-38　工后路面荷载和运行荷载作用下10年的沉降分布(预压)

根据上述数值分析的结果汇总的预压处理地基各工况地面沉降对比,见图4-39。经预压处理后最大沉降为80mm,最大沉降位置在旧路基坡脚处,沉降自该处向路中逐步减小。处理后新路基平均沉降曲率为0.27，处理后旧路基平均沉降曲率为0.25。施工期的沉降，在新路肩处为61mm，在旧路肩处为48mm，比实测数据略大。在路面荷载和车辆运行荷载作用下的总沉降最大值为80mm，在新路肩处为70mm。工后沉降最大值为12mm左右，发生在路中；新路肩处工后沉降为7mm左右。

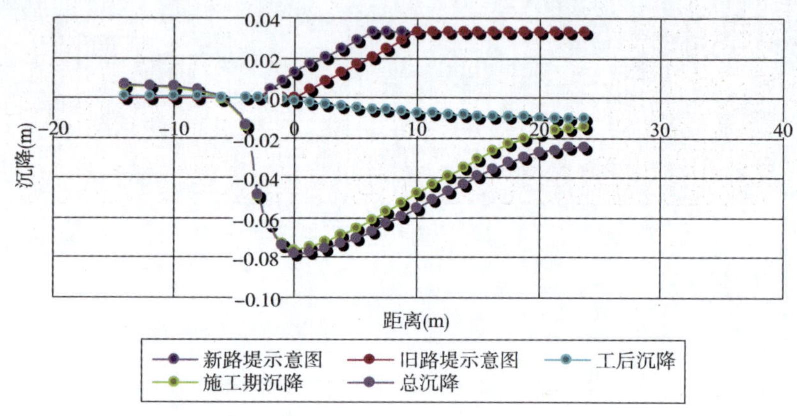

图4-39　预压处理地基各工况地面沉降对比

对比图2-24、图4-34和图4-39可知，与未经处理的地基相比，经砂桩处理后地基的最大沉降从72mm减小到53mm，新路肩处最大沉降从55mm减小到48mm；砂桩主要减小了新路基范围地基的沉降量，而旧路基下的沉降量变化不大，最大沉降位置向旧路基偏移；工后沉降几乎没有变化。

4.5　本章小结

试验段K48+500～K48+600、K48+600～K48+700为浅层非自重湿陷性黄土路基，填方高度均为6.5m。分别采取了挤密砂桩、超载预压两种试验方案对路基进行处理，根据测试结果和数值分析结果的综合分析，得到以下结果：

①对于高填方浅层非自重湿陷性黄土段路基，若不对路基进行有效处理，通过计算，新路肩对应处沉降将达到36mm，这一结果与实测值相符。

②利用砂桩处理高填方浅层非自重湿陷性黄土段路基，在填土完成后约20d路基沉降即可稳定，地基水平位移较小，没有侧移失稳现象，加载完毕后孔隙水压力消散较快。该措施可以保证道路拓宽施工期间以及工后运行期间路堤与地基保

持稳定。

③利用预压处理高填方浅层非自重湿陷性黄土段路基，在填土完成后约 60d 路基沉降即可稳定，在预压作用下，黄土孔隙率降低，湿陷效应得以改善；并且，地基在预压作用下提前固结，可以降低工后沉降，减小新、旧路基的差异沉降。

综上，砂桩处理和预压处理两种方式都能够保证新拓宽路堤施工过程以及道路运行期间所产生的路基沉降不会对路基路面结构产生明显不良影响，新拓宽路堤填土施工所产生的地基沉降可以在路堤填土施工期间基本完成，两者工后沉降均很小且没有显著差别。但从经济效益与施工难度角度上看，超载预压更适合高填方浅层非自重湿陷性黄土段路基的处理。

第5章 低填方深厚层非自重湿陷性黄土路基拓宽试验结果与分析

5.1 试验段概况

试验段 K55 +300 ~ K55 +400 段为深厚非自重湿陷性黄土路基,填方高度为2m,拓宽方式为双侧拓宽。由于该路段处在典型半填半挖路基段,属于山区路段,旧路基处理方式为换填砂砾 60cm 并冲击压实。

K55 +300 ~400 段地质条件件资料取自相邻 K55 +450 断面的地质勘查报告,详见表5-1。从表中可以看出,该段1~9m 深存在非自重湿陷性黄土,自下而上非自重湿陷性逐渐严重,湿陷起始压力逐渐增高。

地质概况 表5-1

岩性描述	取样位置(m)	承载力基本容许值(kPa)	天然含水率(%)	饱和度(%)	液限(%)	塑限(%)	自重湿陷系数	湿陷系数	湿陷起始压力(kPa)	黏聚力(kPa)	内摩擦角(°)
黄土状粉质黏土:褐黄色,稍湿润,硬塑,具大孔隙,垂直节理发育	1	150	13.0	31.8	33.8	21.1	0.006	0.106	50	49.9	24.7
	2		12.5	32.6	29.3	19.5	0.002	0.076	82	42.9	22.4
	3		13.3	34.3	30.7	20.0	0.013	0.104	59	18.0	21.3
	4		14.8	39.5	32.6	20.6	0.013	0.062	82	18.9	23.4
	5		15.8	39.8	32.4	20.6	0.015	0.059	90	51.2	23.6
	6		7.9	23.8	22.8	17.1	0.016	0.042	109	47.3	26.1
	7		10.5	33.4	26.8	18.6	0.009	0.017	188	37.1	23.8
	8		12.3	32.2	29.2	19.4	—	0.029	—	—	—
	9		12.5	35.3	28.1	19.0	0.034	0.042	71	38.4	23.6

续上表

岩性描述	取样位置(m)	承载力基本容许值(kPa)	天然含水率(%)	饱和度(%)	液限(%)	塑限(%)	自重湿陷系数	湿陷系数	湿陷起始压力(kPa)	黏聚力(kPa)	内摩擦角(°)
卵石:灰黄色,稍湿,密实,一般粒径40~80mm,最大粒径130~150mm,填充物为砂类土,母岩成分为花岗岩	9m以下	700	—	—	—	—	—	—	—	—	—

沉降量计算方法参照第 3 章。新路肩对应处地基沉降计算结果见表 5-2,可以看出若不进行处理,新路肩最大沉降量会达到 19mm 左右。实测新旧路基结合处标高为 782.458m,设计标高为 782.497m,工后沉降 39mm,这与数值分析计算值相差较大。

天然地基沉降估算　　表 5-2

深度(m)	附加应力(kPa)	压缩模量(MPa)	分层沉降总和(mm)
1	46.30	11.6	3.99
2	37.15	12.6	6.94
3	30.11	13.7	9.14
4	24.89	11.7	11.26
5	21.03	14.7	12.70
6	18.11	14.3	13.96
7	16.09	10.7	15.47
8	14.26	7.3	17.42
9	12.79	7.7	19.08

5.2　挤密砂桩路基沉降变形特性

K55 +300 ~ K55 +400 段采用砂桩处理拓宽部分地基,砂桩直径 40cm,桩间距 120cm,梅花形布桩。采用振动挤密法施工,施工顺序为从路基外侧向旧路方向施工。砂桩所使用的砂砾要求级配良好,最大粒径不大于 10cm。加固方案见图 5-1。

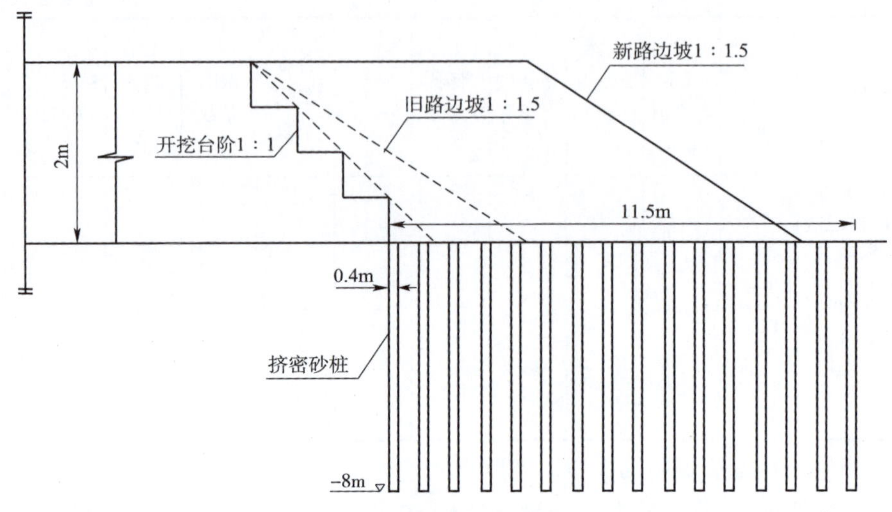

图 5-1　砂桩施工图

砂桩施工完成之后,监理单位采用静力触探法对砂桩承载力进行了检测,测点 5 个,检测标准参照文献[47]~[50]。砂桩承载力最高 245kPa,最低 200kPa,平均为 225kPa。

桩间土在挤密砂桩的作用下,一方面提高了地基的承载力,增大地基弹性模量,减小新旧路基差异沉降;另一方面,地基土孔隙率的降低不仅有助于减小黄土的湿陷效应,减小因黄土的湿陷沉降而引起的新旧路基的差异沉降,还能减小处理区域内土层的压缩沉降。此外,砂桩在土层中形成了很好的竖向通道,加速了固结排水。

本段设置了 2 个观测断面,分别为 K55 + 350、K55 + 400,其中 K55 + 350 为主观测断面,K55 + 400 为辅助观测断面。

2011 年 11 月进行了监测设备的埋设工作。2011 年 11 月 3 日开始路堤的填筑,填筑 1 层之后进入冬季停工期。2012 年 4 月复工。2012 年 5 月 1 日完成填土。

5.2.1　分层沉降与分析

K55 + 300 ~ 400 段新路肩处不同时间地基分层沉降随填土高度变化见图 5-2、图 5-3,不同时间地基沉降随深度变化见图 5-4、图 5-5,不同时间旧路中心沉降随填土荷载变化见图 5-6。

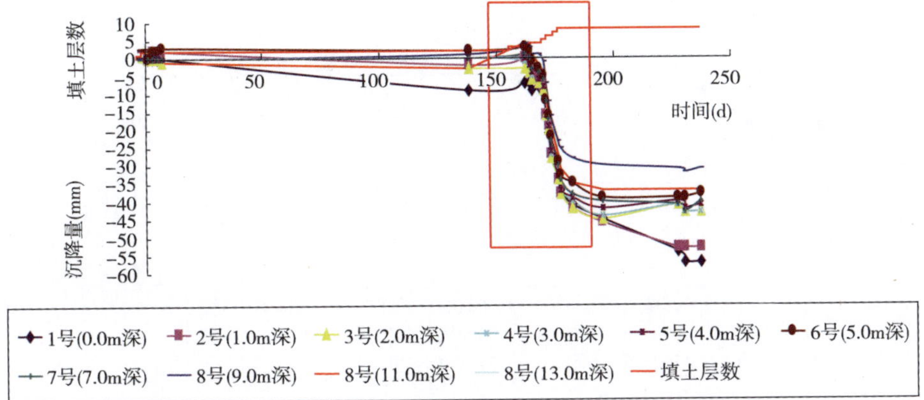

图 5-2　K55 + 350 新路肩不同时间沉降填土高度变化

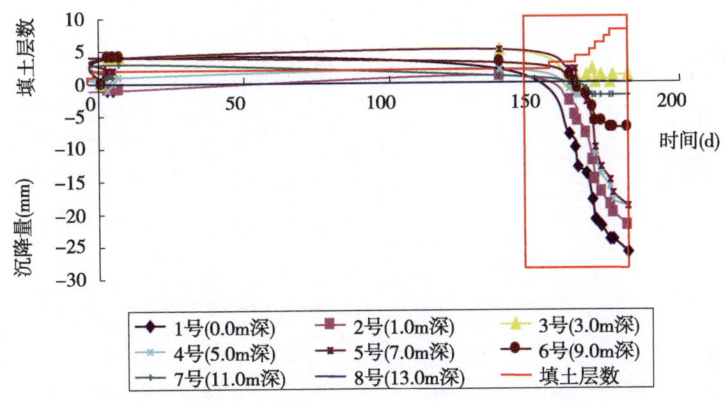

图 5-3　K55 + 400 新路肩不同时间沉降填土高度变化

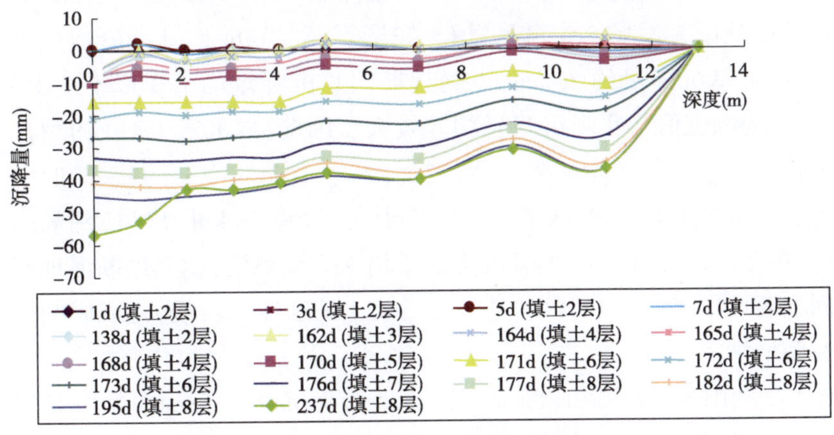

图 5-4　K55 + 350 新路肩不同时间沉降随深度变化

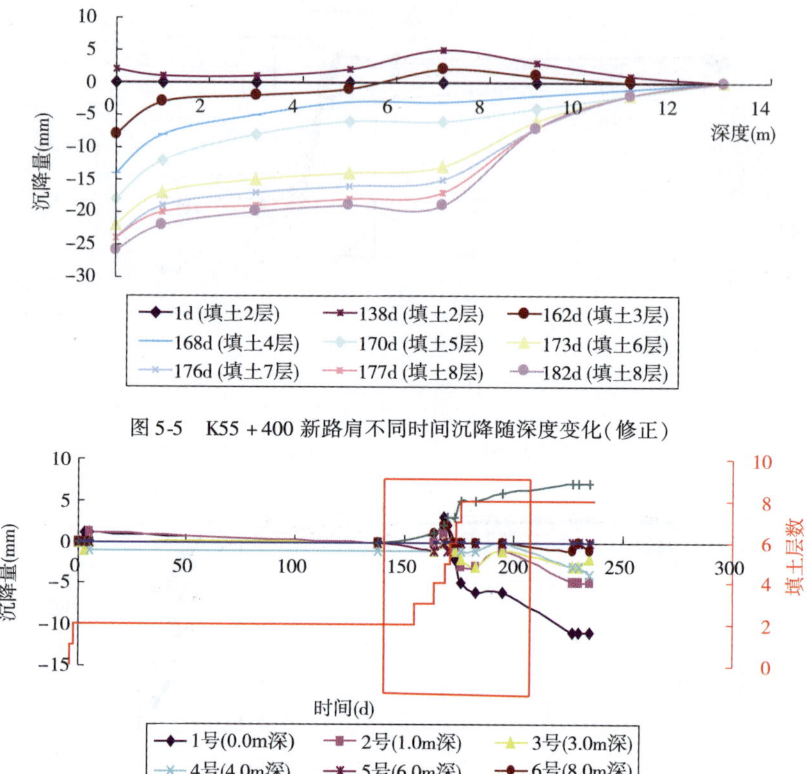

图 5-5　K55 +400 新路肩不同时间沉降随深度变化(修正)

图 5-6　K55 +300 ~400 旧路中心不同时间沉降随深度变化

K55 +400 处在路堤填土完毕仅 5d 后测试工作完毕,从图 5-3 可见地基沉降远未达到稳定。从图 5-2、图 5-4 可见,填土完毕后历经 60d 地基沉降似乎仍然未稳定,而此期间地基沉降量约 20mm,占测试期间总沉降量的 1/3 以上。由此可知,K55 +400 处的测试值与实际沉降量相差较大。因此,以 K55 +350 的测试结果为主进行分析。

从图 5-2 和图 5-4 可知:从最后一层填土完成(图 5-4 中 177d)到最后一次测试(图 5-4 中 237d)历时 60d,地基沉降似乎仍未完全稳定,比其他断面地基的沉降稳定时间显著增加,说明该区段地基的厚层软土固结速率较慢,完成固结达到沉降稳定的时间增加。

从图 5-2 和图 5-4 可知,该断面新路肩处最大沉降约 58mm,是所有断面地基沉降测试结果的最大值;考虑到沉降可能尚未完全稳定,以及地面 13m 以下实际存在沉降,该断面实际的沉降值可能还要有所增大。

从图 5-6 可以看出:①填土期间旧路中心表层沉降量基本不变;②后期沉降量略有增加,这是因为拓宽后的路面标高高于原路面,需要进一步填土到设计高度,旧路面加上约 100cm 厚的土层以及 20cm 厚的水稳层荷载所致,这一部分差异沉降可以通过填土和水稳层进行找平,不会造成很大的影响。

5.2.2　地基水平位移与分析

K55 +400 断面测斜管被施工车辆破坏,有限数据不能反映地基侧向位移变形,不再列出。

K55 +350 断面不同时间地基水平位移随深度变化见图 5-7,可以看出:总体水平位移偏差小,在 2mm 内波动,这反映出地基沉降量不大;土体侧向位移以及位移速率很小,说明路堤地基稳定。

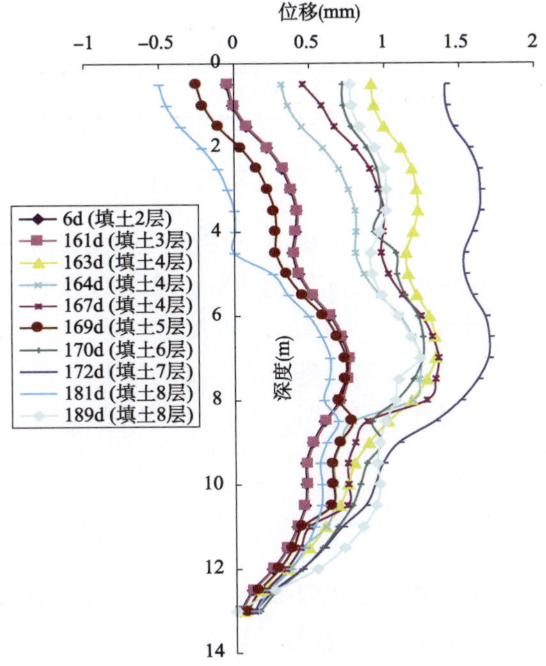

图 5-7　K55 +350 不同时间地基水平位移随深度变化

5.2.3　孔隙水压力变化与分析

K55 +350、K55 +400 不同时间孔隙水压力随填土荷载变化见图 5-8、图 5-9。

3m处孔隙水压力基本不变,这与地下水位高度有关。由于缺乏准确的地质勘查报告以及地下水位资料,试验设计时按地下水位高于地下3m考虑,实际上地下水位低于地下3m。

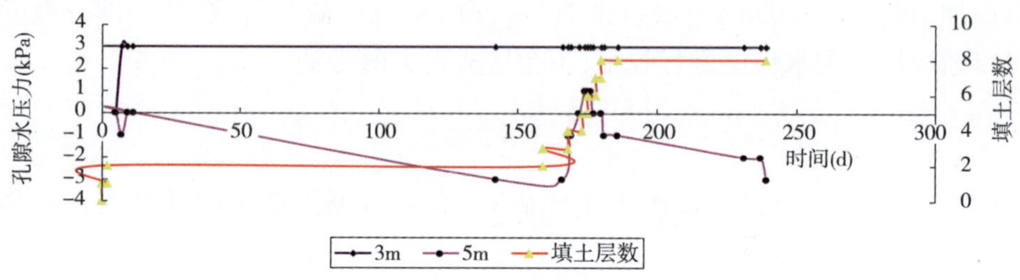

图5-8 K55+350不同时间孔隙水压力随填土变化(修正5m曲线)

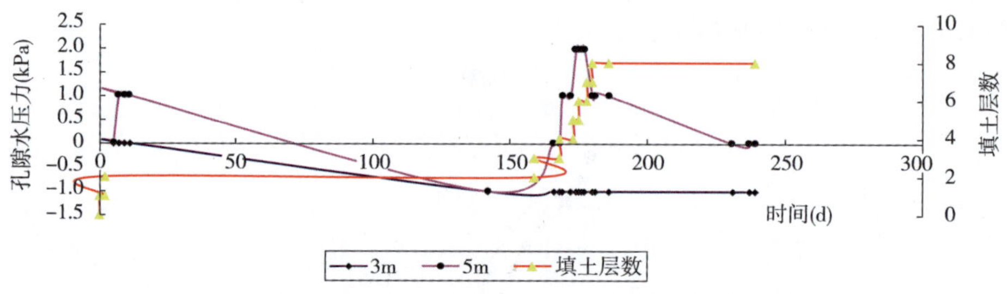

图5-9 K55+400不同时间孔隙水压力随填土变化(修正5m曲线)

可以看出,5m深度孔隙水压力随填土荷载的变化而变化。填土之初,孔隙水压力随填土荷载的增大而增大;当路堤填土加载完毕后,孔隙水压力很快消散,说明该地基排水固结速率较快。这与地基沉降测试结果中地基沉降稳定速率较快相对应。但注意到孔隙水压力计埋设在砂桩区,而旧路堤范围内未设砂桩的区域孔隙水压力消散相对较慢。

5.2.4 数值分析

对4区段采用砂桩处理的新路堤下地基在新路堤填土施工期和工后沉降进行数值模拟,相关计算模型、计算参数与计算步骤详见第2章。填土完成后的应力分布见图5-10,工后路面荷载和运行荷载作用下的应力分布见图5-11,新路堤填土完成后3个月的沉降分布见图5-12,工后路面荷载和运行荷载作用下10年的沉降分布见图5-13。根据上述数值分析结果汇总的各工况地面沉降对比见图5-14。

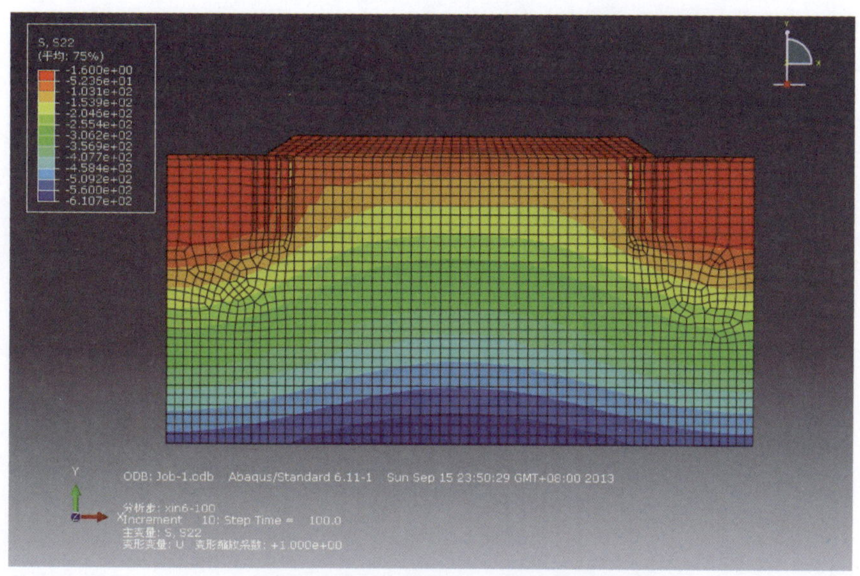

图 5-10　新路堤填土施工完成后的应力分布(砂桩)

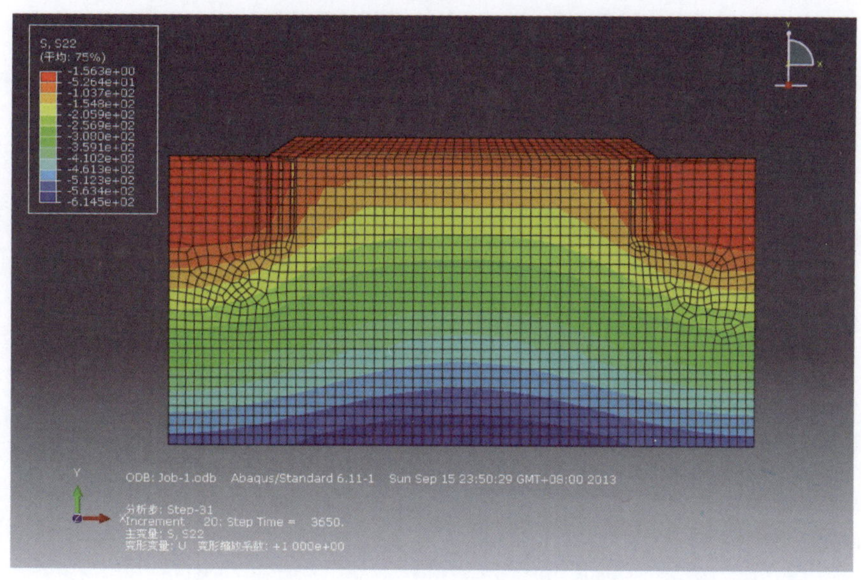

图 5-11　工后路面荷载和运行荷载作用下的应力分布(砂桩)

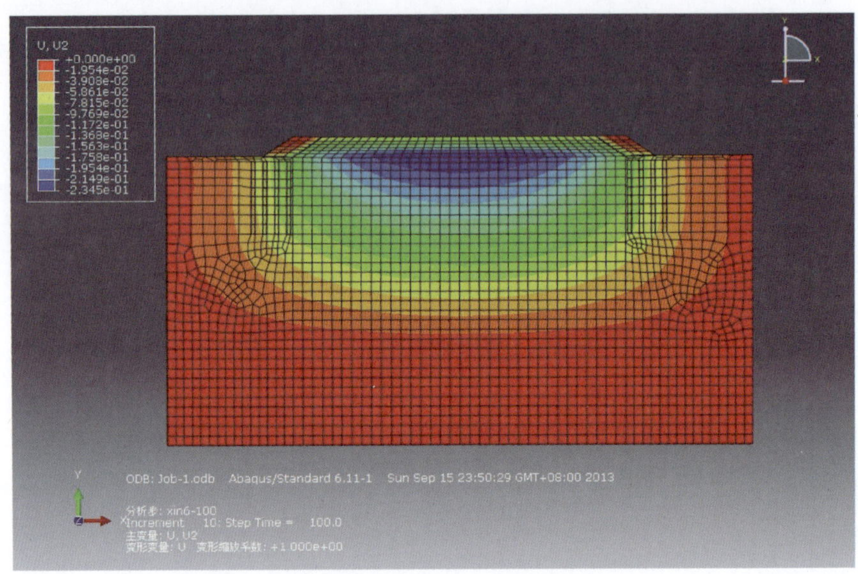

图 5-12　新路堤填土完成后 3 个月的沉降分布(砂桩)

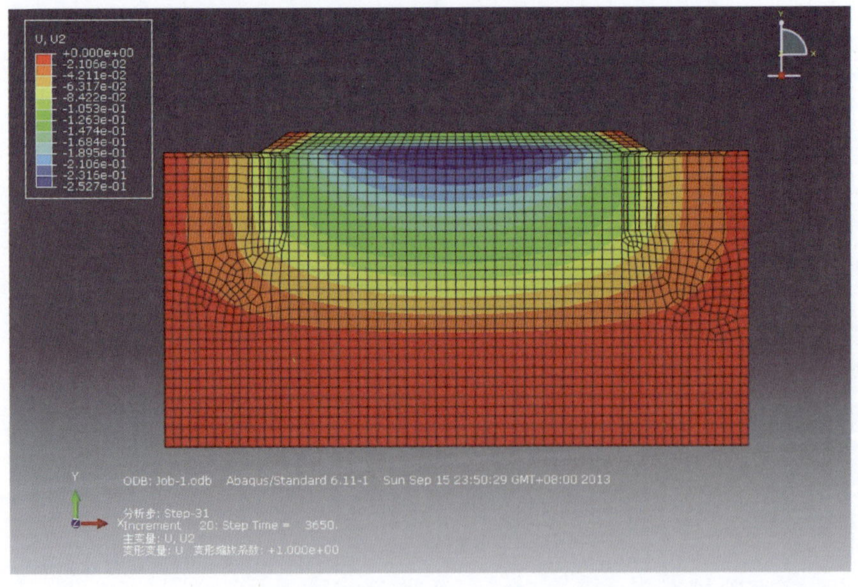

图 5-13　工后路面荷载和运行荷载作用下 10 年的沉降分布(砂桩)

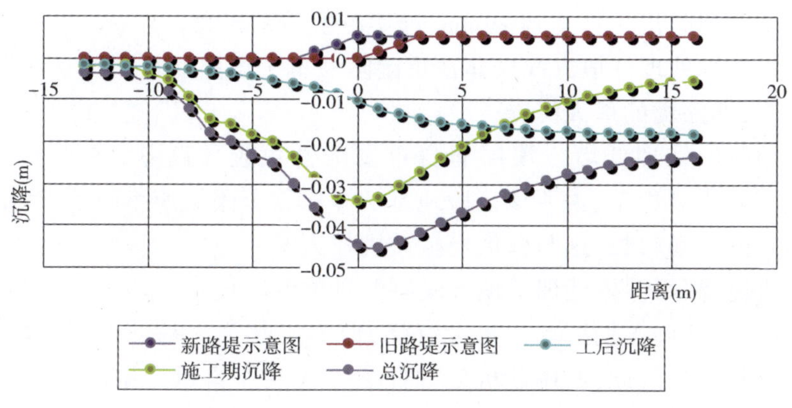

图 5-14　处理后的新路堤下地基各工况地面沉降对比

对比新路堤下地基处理前和处理后的各工况地面沉降，新路堤下地基采用砂桩处理使新路堤范围内的地面沉降减少，从而使施工期最大沉降和最终沉降最大值分别从 50mm 和 60mm 降低到 34mm 和 47mm，同时最大沉降点位置也向路中产生一定的转移；但是工后沉降几乎没有发生变化，例如新路肩处工后沉降仅减少了 2mm，而路中工后沉降没有变化。上述现象说明，增加砂桩仅对新路堤下地基的施工期最大沉降有一定改善作用，对于工后沉降没有明显影响。

砂桩的作用主要有两方面：一是加速地基土排水固结，这有利于减少工后沉降；二是增加地基刚度，这有利于减少施工期沉降和总沉降。从实测结果和数值分析结果可知，由于本路堤下地基排水固结速率较快，沉降基本上可以在施工期完成，因而砂桩的加速地基土排水固结作用对于本工程意义不大。在数值分析过程中，采用的地基土弹性模量是 4.5MPa，而砂桩的弹性模量是 120MPa，在实际工程中难以保证砂桩的弹性模量达到如此高值，因此实际工程中，砂桩对新路堤下地基沉降的改善作用不会达到数值模拟的效果。

5.3　本章小结

试验段 K55 + 300 ~ K55 + 400 为深厚非自重湿陷性黄土路基，填方高度为 2m。采取挤密砂桩对路基进行处理，根据测试结果和数值分析结果的综合分析，得到以下结论：

①对于低填方深厚非自重湿陷性黄土路基，若不对路基进行有效处理，通过计算得知新路肩处沉降将达到 19mm，与实测值差别较大。

②利用砂桩处理低填方浅层非自重湿陷性黄土段路基可以加速路基排水固结、降低施工期路堤的最大沉降。

③利用砂桩处理低填方浅层非自重湿陷性黄土段路基，在填土完成后约 60d，路基沉降仍未稳定，说明该区段地基的厚层软土固结速率较慢，完成固结达到沉降稳定的时间较长，这与数值模拟差别较大。

综上所述，利用砂桩处理低填方浅层非自重湿陷性黄土段路基，可以加速路基排水固结、降低施工期路堤的最大沉降，但不能改善土基的工后沉降，这与数值模拟差别较大。因此，利用砂桩处理低填方浅层非自重湿陷性黄土段路基并不能取得预期效果。

第6章　低填方良好路基拓宽试验结果与分析

6.1　试验段概况

试验段 K65 +600 ~ K65 +700、K65 +950 ~ K66 +050 以及 K66 +050 ~ K66 +150 填方高度为 2 ~ 3m，拓宽方式为双侧拓宽。该段地质条件良好，无不良下卧层。旧路基的处理方式见表 6-1。

旧路基处理方式　　表 6-1

路　　段	旧路基处理方式	拓宽类型
K65 +600 ~ K65 +700	铺筑单向钢塑格栅	双侧拓宽，填方高度 2 ~ 3m
K65 +950 ~ K66 +050	台阶 2m，铺筑双向钢塑格栅	双侧拓宽，填方高度 2 ~ 3m
K66 +050 ~ K66 +150	铺筑土工格室	双侧拓宽，填方高度 2 ~ 3m

根据数值模拟结果与现场调研分析，试验段 K65 +600 ~ K65 +700、K65 +950 ~ K66 +050 以及 K66 +050 ~ K66 +150 分别采取铺筑单向钢塑格栅、铺筑双向钢塑格栅及铺筑土工格室进行地基处理。

6.2　铺筑单向钢塑格栅段地基变形分析

6.2.1　地质概况

K65 +600 ~ K65 +700 段地质情况见表 6-2，从表中可以看出，该段无不良下卧土层，承载力良好。

K65 +600 ~ K65 +700 段地质概况 表 6-2

岩性描述	取样位置（m）	承载力基本容许值（kPa）	颗粒组成百分数（%）					
			>20mm	>2mm	>0.5mm	>0.25mm	>0.075mm	>0mm
卵石：黄褐色，饱和，中密，一般粒径 40 ~ 80mm，含量 50% ~60%，最大粒径 110mm，分选差，胶结差，填充物为黏性土	1.4	550	76.2	11.8	4.8	3.8	2.1	1.3
	2.9		70.0	12.4	6.9	4.6	3.4	2.7
	4.5		75.3	8.8	6.1	4.3	3.5	2.0
	6.1		52.1	23.0	9.5	6.2	5.0	4.2
	7.7		80.3	6.0	4.8	3.9	3.4	4.6
	9.5		61.7	19.5	7.6	4.8	4.1	2.3

6.2.2 方案概况

K65 +600 ~ K65 +700 段采用铺筑单向钢塑格栅法处理拓宽部分地基，所使用的单向土工格栅宽 1.5m，每卷长 50m，筋条宽度 4mm，主要力学性能指标见表 6-3。单向钢塑格栅是一种以高分子聚合物为主要原料，加入一定的高强钢丝以及防紫外线、抗老化助剂，经过单向拉伸使原来分布散乱的链形分子重新定向排列呈线性状态，经挤出压成薄板再冲规则孔网，然后纵向拉伸而成的高强度土工材料。这一过程使高分子呈定向线性状态并形成分布均匀、节点强度高的长椭圆形网状整体结构。与传统的单向土工格栅相比，具有更高的强度、更小的破坏延伸率、更低的蠕变量、更优秀的抗腐蚀和抗氧化能力。采用单向钢塑格栅加固填方路堤可以限制路堤的侧向变形，控制路堤压缩沉降发展，减小新旧路基的差异沉降。土工加筋体加筋作用见图 6-1。

单向钢塑格栅的主要力学性能指标 表 6-3

项　　目	每延米拉伸屈服力（kN/m）	屈服伸长率（%）	2% 伸长率时的拉伸力（kN/m）	5% 伸长率时的拉伸力（kN/m）	蠕变极限强度（kN/m）
产品规格	≥100	≥10	≥30	≥60	≥41

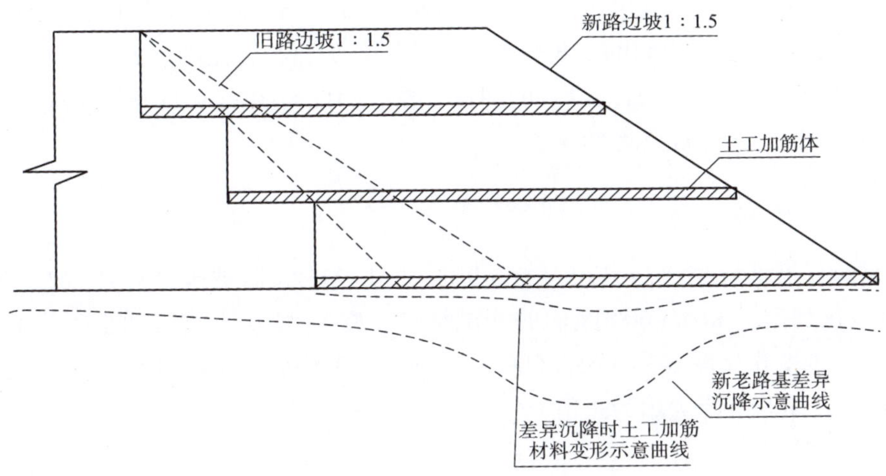

图 6-1　土工加筋体加筋作用示意图

土工格栅铺筑时,将旧路边坡开挖成台阶 2m 的 1:1 台阶,铺筑土工格栅后,土工格栅一部分锚固于旧路基,一部分锚固于新路基。当新旧路基发生差异沉降时,土工格栅能够抑制土体的侧向位移,减小土体内应力集中,降低新旧路基差异沉降。

路段平均填土高度为 3m,共铺设 2 层格栅,加固方案见图 6-2。

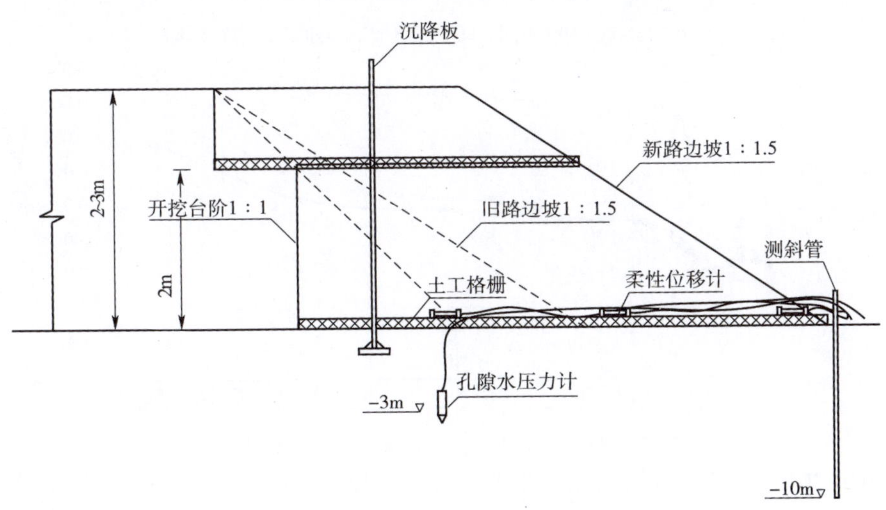

图 6-2　单向钢塑格栅加固拓宽路基及试验仪器埋设图

本段设置了 2 个观测断面，分别为 K65 +600、K65 +650，其中 K65 +650 为主观测断面，K65 +600 为辅助观测断面。监测设备平面布置见图 6-2。

2011 年 9 月进行了监测设备的埋设工作。2011 年 9 月 9 日开始路堤的填筑。2011 年 9 月 21 日完成路堤的填筑。

6.2.3 柔性位移计试验结果与分析

试验仪器埋设完成后，K65 +550 断面所埋设的仪器被破坏殆尽，故 K500 ~ K600 段仅列出了 K65 +600 断面的测试结果。K65 +600 不同时间土工格栅变形随填土高度变化见图 6-3，K65 +600 不同时间土工格栅变形随新路基沉降变化见图 6-4(注：路基沉降表示为正值)。

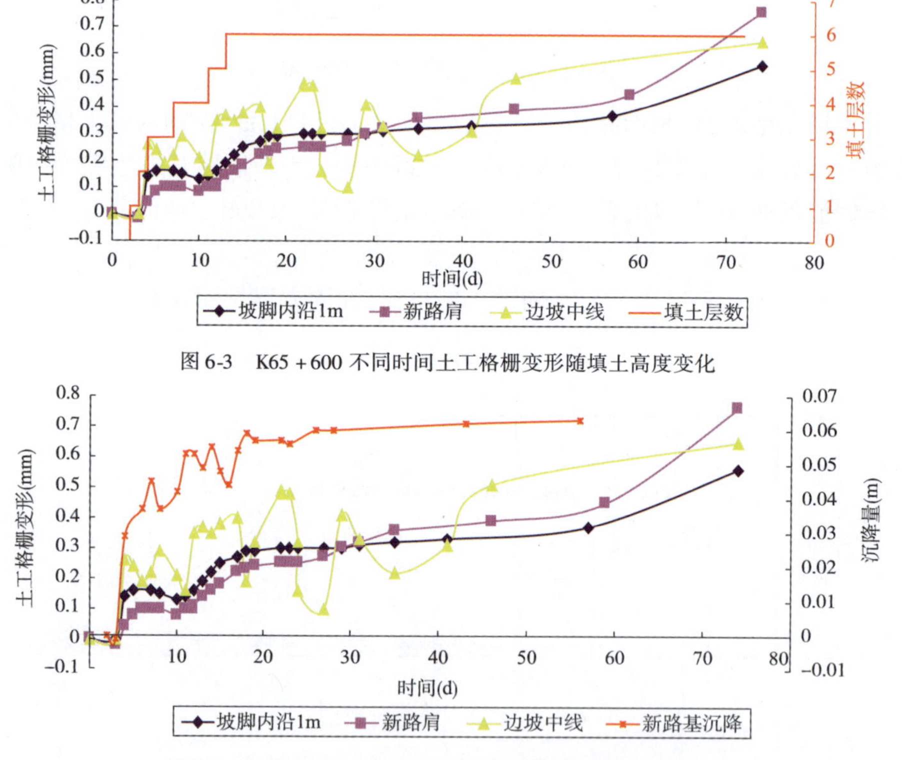

图 6-3　K65 +600 不同时间土工格栅变形随填土高度变化

图 6-4　K65 +600 不同时间土工格栅变形随新路基沉降变化

图中边坡中线处柔性位移计测试数据出现反复波动，不符合土工格栅实际变形规律，造成该情况的原因有待分析，本书不将之作为有效数据进行分析。

从图中可以看出：

①随着填土荷载的增加,地基沉降迅速增加,土工格栅迅速发生变形。在产生新旧路基差异沉降时,土工格栅变形产生的拉力能够抑制土体侧向变形,减小路基差异沉降,增强新旧路基结合能力。

②后期随着填土的完成,土工格栅变形仍在继续发展。这一现象在相邻的 K65 +950 ~ K66 +050 以及 K66 +050 ~ K66 +150 段也出现。考虑引起此现象的原因为:土工加筋材料在荷载不变的情况下发生了蠕变;土工加筋材料对土体应力、沉降的调节是一个持续的过程。具体为哪个原因尚不清楚,有待进一步验证。

③土工格栅最大变形为 0.8mm。柔性位移计长 20cm,最大伸长量 5cm。为保证柔性位移计对土工格栅变形的敏感性,测试时将柔性位移计拉伸到一半量程再固定,柔性位移计测试的为 22.5cm 内土工格栅变形。计算得土工格栅最大应变为 0.46%,远远小于设计规定的破坏应变小于 10% 的规定,筋材效用发挥很低。针对这一现象,徐少曼等根据室内土工织物加筋软基模型试验,提出了预应变加筋方案,该方法可以更为有效地减缓不均匀沉降的效果与本研究一致。

④填土 1 ~2 层,尽管沉降已经比较明显,但土工格栅变形很小,随着填土进一步增加,土工格栅变形进一步增大。分析原因为:土工格栅变形需要两个必要条件:其一为良好的锚固,保证土工格栅能够与路基土协同变形;其二为不均匀差异沉降。只有同时满足这两点,土工格栅才会发生效用。从图中可以看出,差异沉降已经发生,那么造成上述现象的唯一可能原因就是土工格栅缺乏良好锚固,并未与土体协同变形。经过现场观察,土工格栅在铺筑时仅用 U 形土钉锚固,锚固效果欠佳,只有当上覆荷载达到一定值时,在上覆荷载的作用下,土工格栅才能在上下土层机械咬合力、摩擦力以及 U 形土钉锚固力的作用下发生变形。

6.2.4　沉降变形与分析

根据原位测试,K65 +600 段不同时间沉降板沉降随填土高度变化见图 6-5。从图中可看出:随时间的增加和填土高度的增加,路基表面沉降量也增加;填土初期沉降增长较快,随填土完成,沉降逐渐趋于稳定;旧路基沉降变化曲率为0.14%,新路基沉降变化曲率为 0.18%,最大沉降量为 63mm,且已基本稳定。

6.2.5　水平位移与分析

根据原位测试结果,得到 K65 +600 不同时间路基水平位移随深度变化,见图 6-6。从图中可以看出:路基的水平位移整体不大,最大约为 3mm;路基的水平位移沿深度变化均匀,这与地质条件相符合,符合路基水平位移发展规律。

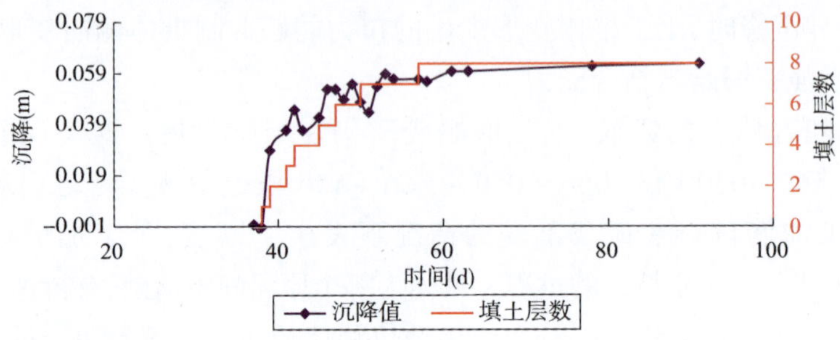

图 6-5　K65 +600 段不同时间沉降板沉降随填土高度变化

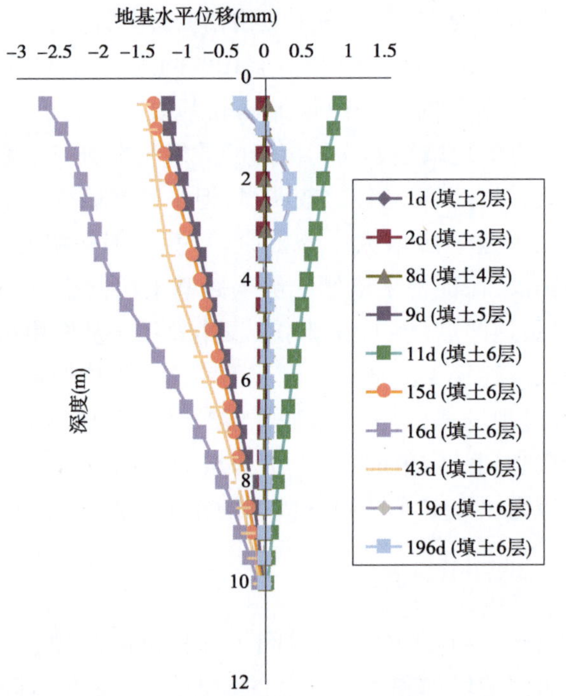

图 6-6　K65 +600 不同时间路基水平位移随深度变化

6.2.6　孔隙水压力变化与分析

根据原位测试结果,得到 K65 +600 段不同时间孔隙水压力随填土高度变化,见图 6-7。孔隙水压力所反映出的结果并不能代表路基实际情况,原因为:原孔隙水压力计埋设位置是根据设计院提供的地质勘察报告设计的,但实际水位低于孔隙水压力计埋设位置，故孔隙水压力计并不能监测到填土过程中路基孔隙水压的变化。该图所反映的结果不具有代表性，相邻路段(K65 +600 ~ K66 +100)也出现类似情况，下文不再解释。

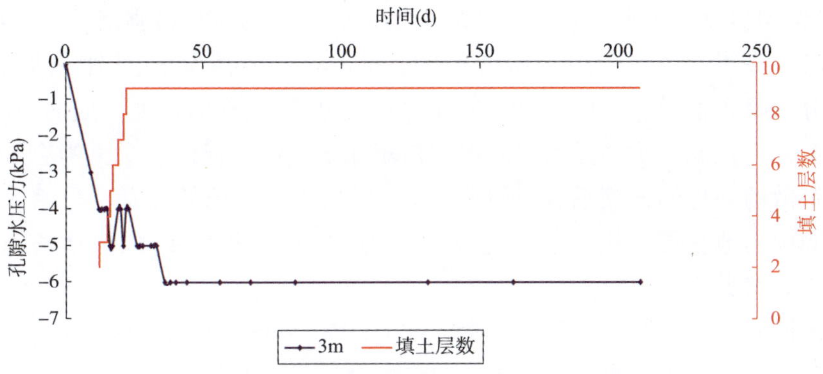

图6-7　K65 +600 段不同时间孔隙水压力随填土高度变化

6.3　铺筑双向钢塑格栅段地基变形分析

6.3.1　地质概况

K65 +950 ~ K66 +050 段地质情况见表6-4，该段无不良下卧土层，承载力良好。

K65 +950 ~ K66 +050 段地质概况　　表6-4

岩性描述	取样位置(m)	承载力基本容许值(kPa)	颗粒组成百分数(%)					
			>20mm	>2mm	>0.5mm	>0.25mm	>0.075mm	>0mm
卵石：黄褐色，饱和，中密，一般粒径40 ~ 80mm，含量50% ~ 60%，最大粒径110mm，分选差，胶结差，填充物为黏性土	1.4	550	76.2	11.8	4.8	3.8	2.1	1.3
	2.9		70.0	12.4	6.9	4.6	3.4	2.7
	4.5		75.3	8.8	6.1	4.3	3.5	2.0
	6.1		52.1	23.0	9.5	6.2	5.0	4.2
	7.7		80.3	6.0	4.8	3.9	3.4	4.6
	9.5		61.7	19.5	7.6	4.8	4.1	2.3

6.3.2 方案概况

K65 +950 ~ K66 +050 段采用台阶 1m，铺筑双向钢塑格栅法处理拓宽部分地基，要求钢塑格栅每延米拉伸屈服力大于 200kN/m，连接处抗拉强度大于 150N/cm，断裂伸长率小于 15%。路段平均填土高度为 2 ~ 3m，共铺设 3 层格栅，双向土工格栅是高分子聚合物通过挤压、成板、冲孔过程后再纵向、横向拉伸而成的，在纵向和横向上都具有很高的拉伸强度双向钢塑格栅在土壤中能提供一个更为有效的力的承担和扩散的理想的连锁系统，适用于大面积永久性承载的地基。采用双向钢塑格栅加固软弱地基可以迅速提高地基承载力，控制沉降发展，限制路基的侧向变形。加固方案见图 6-8。

本段设置了 2 个观测断面，分别为 K65 +950、K66 +000，其中 K65 +950 为主观测断面，K66 +000 为辅助观测断面。监测设备布置见图 6-8。

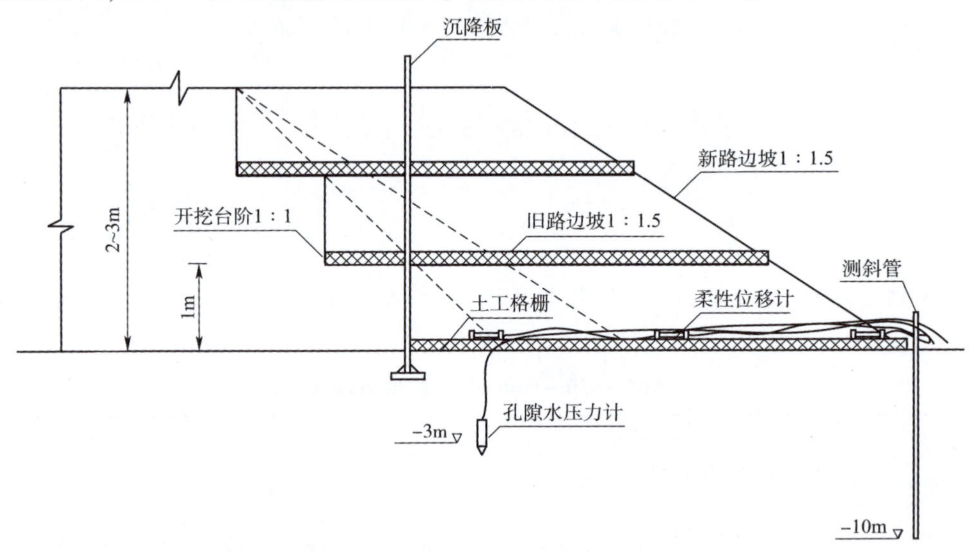

图 6-8　K65 +950 ~ K66 +050 加固方案与监测设备布置

2011 年 9 月进行了监测设备的埋设工作。2011 年 9 月 9 日开始路堤的填筑。2011 年 9 月 21 日完成路堤的填筑。

6.3.3 土工格栅变形结果与分析

根据原位测试结果，得到不同时间 K65 +950 和 K66 +000 土工格栅变形随填土高度变化，分别见图6-9、图6-10，不同时间K65+950和K66+000土工格栅变形随沉降变化，分别见图6-11、图6-12，从图中可以看出：

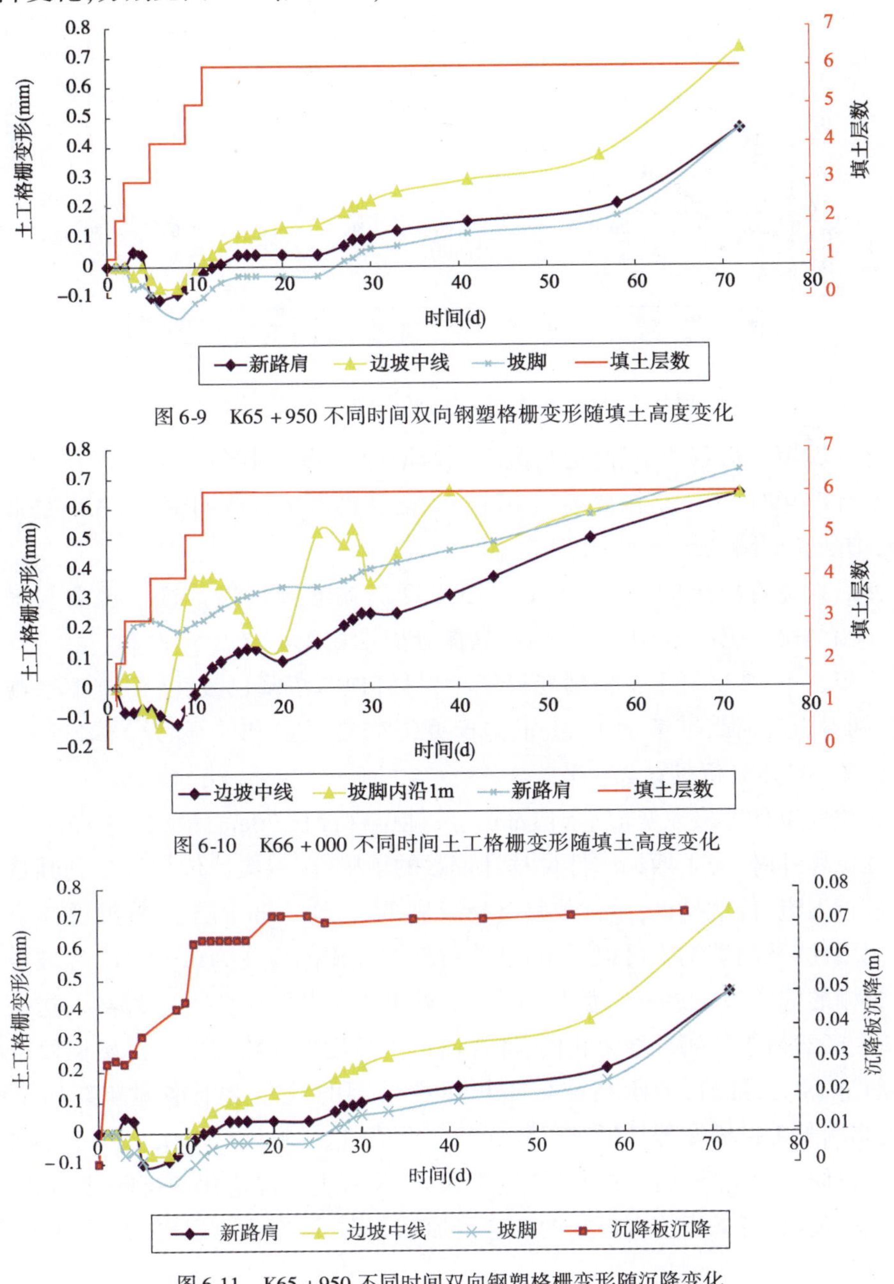

图6-9　K65+950不同时间双向钢塑格栅变形随填土高度变化

图6-10　K66+000不同时间土工格栅变形随填土高度变化

图6-11　K65+950不同时间双向钢塑格栅变形随沉降变化

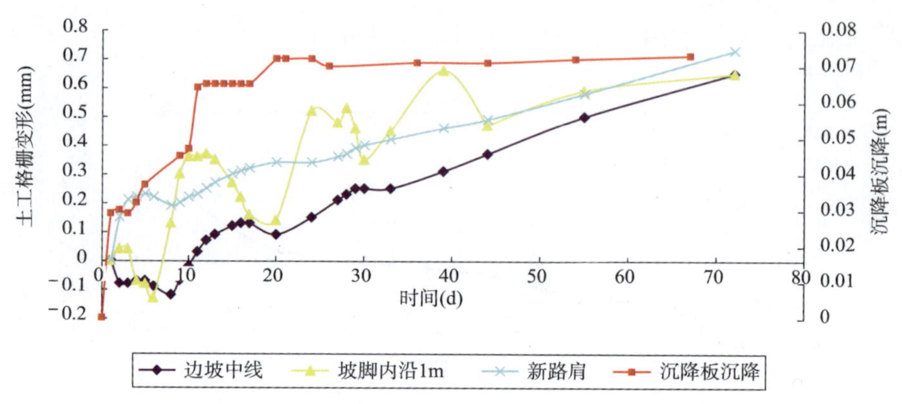

图 6-12 K66 +000 不同时间土工格栅变形随沉降变化

①随着填土荷载的增加,地基沉降迅速增加,土工格栅发生变形。在产生新旧路基差异沉降时,土工格栅变形产生的拉力能够抑制土体侧向变形,减小路基差异沉降,增强新旧路基结合能力。

②后期随着填土的完成,土工格栅变形仍在继续发展。这一现象与 K65 + 500 ~600、K66 +050 ~150 结果一致,具体分析见 6.2.4 节。

③填土 1 ~2 层时土工格栅变形很小,尽管地基沉降已发生,但土工格栅变形缓慢,随着上覆荷载继续增加,土工格栅变形变得迅速和明显,这与 K65 + 500 ~ 600 一致。具体分析见 6.2.4 节。

④柔性位移计最大变形不到 1mm。柔性位移计长 20cm,最大量程 5cm。在铺设柔性位移计时,为了增加柔性位移计读数的敏感性,将柔性位移计拉到其量程的一半进行固定,也就是说,柔性位移计所反映的是 22.5cm 内土工格栅整体变形的结果。因此,从测试结果可以看出,新路肩土工格栅的应变为 0.324% ,边坡中线处土工格栅的应变为 0.205% ,坡脚内沿 1m 处土工格栅的应变为 0.204% ,这一结果与羊晔、汪益敏等的研究结果相同,即普通填土高度加筋路堤中土工格栅发生的应变不超过 1% 。目前,赤承高速公路扩建中采用的双向土工格栅断裂伸长率为 15% ,实测土工格栅变形远远小于设计的安全值,这反映设计时采用的土工格栅筋材在抗拉伸变形指标选择方面可能过于保守,具有进一步优化的可能性和必要性。针对这一现象,可采用前文提到的预应变加筋方案,该方法可以更为有效地减缓不均匀沉降。

6.3.4　沉降变形结果与分析

根据原位测试结果，得到 K65 +950 和 K66 +000 不同时间沉降板沉降随填土高度变化，分别见图 6-13、图 6-14。可以看出：随时间的增加和填土高度的增加，路基表面沉降量也增加；填土期间沉降增长较快，随填土完成，沉降逐渐趋于稳定；旧路基沉降变化曲率为 0.14%，新路基沉降变化曲率为 0.17%，最大沉降量约为 70mm，且已基本稳定。

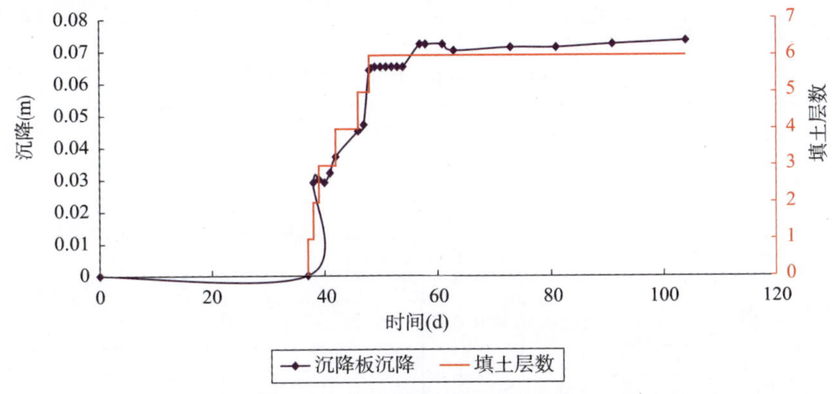

图 6-13　K65 +950 段不同时间沉降板沉降随填土高度变化

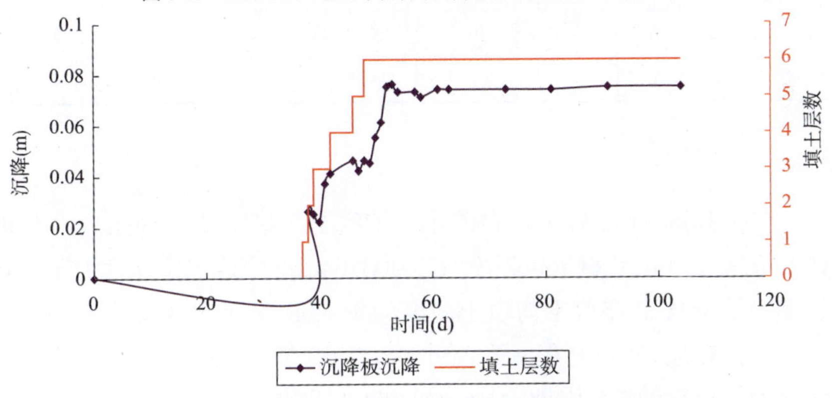

图 6-14　K66 +000 段不同时间沉降板沉降随填土高度变化

6.3.5　水平位移与分析

由于施工过程中，施工单位定位放线失误，测斜管埋设位置实为边沟排水沟中，在边沟施工过程中被毁坏，残存数据不能真实反映路基侧向位移变形情况，此处不再列出。

6.4 铺筑土工格室段地基变形分析

6.4.1 地质概况

地质勘察报告没有涉及每一个试验断面，所以 K66 +050 ~ K66 +150 段地质勘察资料取自邻近的 K65 +500 ~ K65 +600 段，地质情况见表 6-5，该段无不良下卧土层，承载力良好。

K66 +050 ~ K66 +150 段地质概况 表 6-5

岩性描述	取样位置(m)	承载力基本容许值(kPa)	颗粒组成百分数(%)					
			>20mm	>2mm	>0.5mm	>0.25mm	>0.075mm	>0mm
卵石：黄褐色，饱和，中密，一般粒径 40 ~ 80mm，含量 50% ~60%，最大粒径 110mm，分选差，胶结差，填充物为黏性土	1.4	550	76.2	11.8	4.8	3.8	2.1	1.3
	2.9		70.0	12.4	6.9	4.6	3.4	2.7
	4.5		75.3	8.8	6.1	4.3	3.5	2.0
	6.1		52.1	23.0	9.5	6.2	5.0	4.2
	7.7		80.3	6.0	4.8	3.9	3.4	4.6
	9.5		61.7	19.5	7.6	4.8	4.1	2.3

6.4.2 方案概况

K66 +050 ~ K66 +150 段采用台阶 1m、铺筑土工格室法处理拓宽部分地基，要求格室高 5cm，幅宽 4m，片材抗拉强度大于 200MPa，连接处抗拉强度大于 150N/cm，断裂伸长率小于 15%。路段平均填土高度为 2 ~3m，共铺设 3 层格室。

土工格室具有质轻、耐磨损、强度高的特点，能有效改善基床土的动应力，提高基床的承载力，可缩短施工周期，减小对运营的干扰。土工格室加固路基的原理如下：

①土工格室筋材以及格室中的填料与上、下覆土之间产生较大的摩擦力，限制土体的侧向位移。

②土工格室本身的三维立体特性限制填料的侧向位移。

③土工格室与其中的填料共同作用，形成了一个具有较大弯拉刚度和抗剪强

度的复合体，起到了类似筏板基础的作用，有效地扩散了应力，使荷载的分布更为均匀，此复合体能够隔离应力和位移的传递，从而柔性地协调路基顶面的沉降。

与传统的土工格栅等平面加筋材料相比，土工格室具有以下几个优势：

①平铺加筋时，加筋体只是筋材本身；而对于土工格室加筋而言，加筋体是格室及填料的复合体。

②平铺的加筋的抗拉性能仅仅与筋材本身同上、下覆土之间的摩擦力、咬合力相关；土工格室的三维特点不仅增强了筋材本身与上、下覆土之间的机械摩擦力、咬合力，其中的填充材料与上、下覆土之间的摩擦力也能进一步增强土工格室的抗拉性能，增强土工格室的加筋作用。

③平铺加筋材料仅具有抗拉性能，没有抗弯性能，对路基刚度的提高有限；土工格室不仅具有更好的抗拉性能，其与填充材料复合而成的加筋体还能提供不错的抗弯性能。

K66 + 050 ~ K66 + 150 段加固方案见图 6-15。

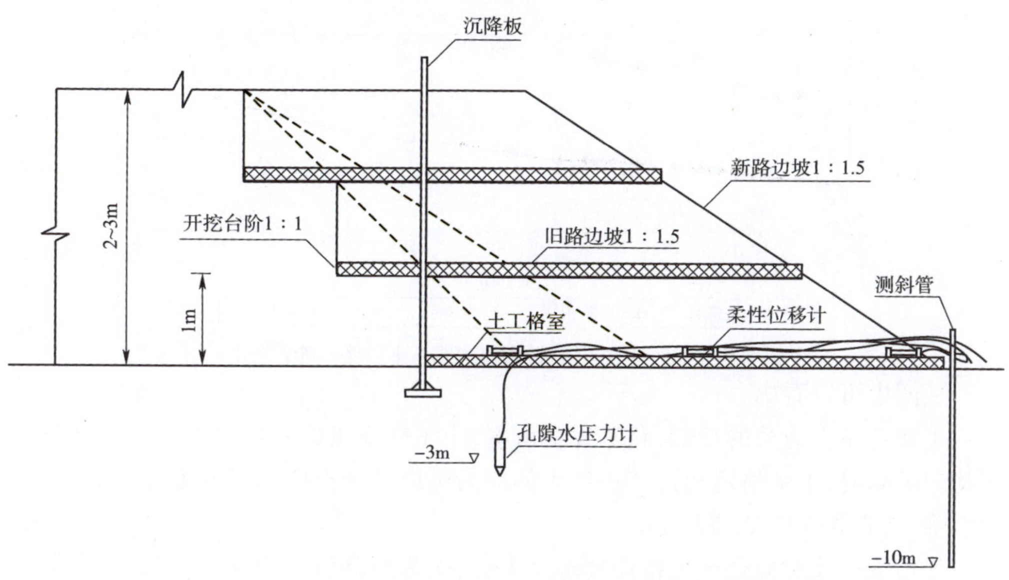

图 6-15　K66 + 050 ~ K66 + 150 段加固方案与监测设备布置

本段设置了 2 个观测断面，分别为 K66 + 050、K66 + 100，其中 K66 + 100 为主观测断面，K66 + 050 为辅助观测断面。监测设备布置见图 6-15。

2011 年 9 月进行了监测设备的埋设工作。2011 年 9 月 9 日开始路堤的填筑。2011 年 9 月 21 日完成路堤的填筑。

6.4.3 土工格室变形与分析

通过原位测试,得到 K66+050 和 K66+100 不同时间土工格室变形随填土高度变化,分别见图 6-16、图 6-17。

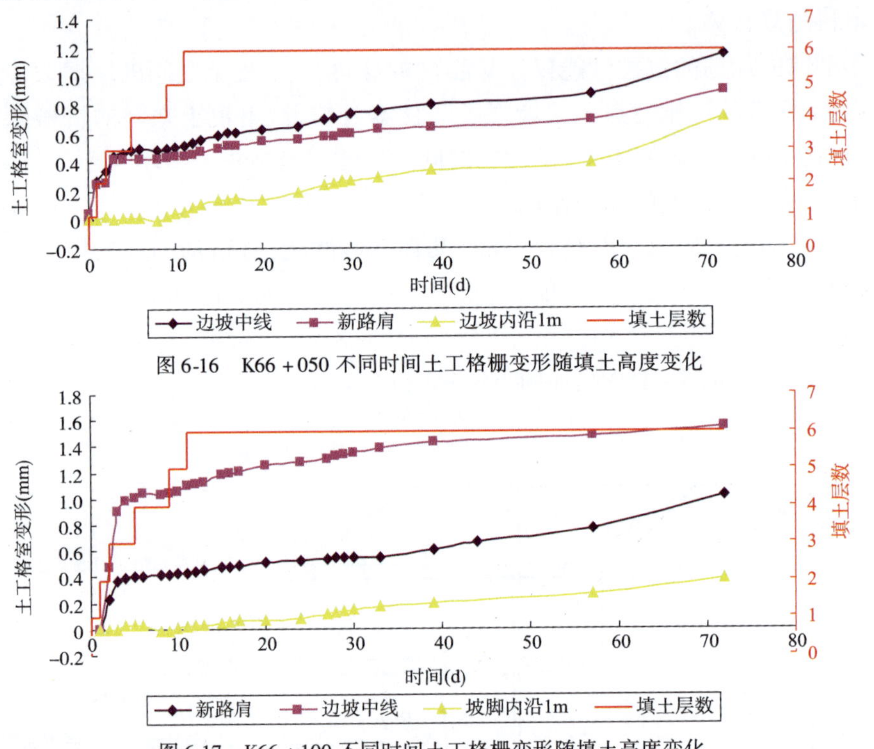

图 6-16 K66+050 不同时间土工格栅变形随填土高度变化

图 6-17 K66+100 不同时间土工格栅变形随填土高度变化

从图中可以看出:

①随着填土荷载的增加,路基发生沉降,土工格室迅速发生变形。在路基发生不均匀沉降时,土工格室通过变形产生的应力可以抑制土体侧向变形,减小路基差异沉降,增强新旧路基结合能力。

②边坡中线对应处土工格栅变形最大,其次为新路肩对应处,坡脚处土工格栅变形最小,这与路堤实际受力是一致的。在高速公路拓宽工程,路床顶面土压力最大的位置为新填筑部分的形心中心,与边坡中线十分接近,该处垂直沉降最大,土工格室变形也最大。

③随着填土荷载的增加,土工格室迅速变形。与 K65+600~700 和 K65+950~K66+050 所采用的土工格栅不同,尽管土工格室上覆土较少,土工格室依然能够很

好地发挥作用,这与土工格室独特的三维立体结构有关。三维立体结构提供了土工格室与土体良好的机械咬合力,保证土工格室与路基土体的协同变形。

④从图中可以看出,尽管填土已经完成了一段时间,但土工格室变形仍在继续,并没有稳定。这一结果与前文一致,具体分析见 6.2.3 节。

⑤土工格室最大变形不到 1mm。本试验采用柔性位移计来监测土工格室的变形,柔性位移计长 20cm,最大量程 5cm,精确到 0.01mm。在布置监测土工格栅变形的柔性位移计时,为了保证柔性位移计对变形的敏感性,将柔性位移计拉到其量程的一半进行固定,柔性位移计所监测的为 22.5cm 内土工格室的变形。从监测结果来看,K66 + 100 断面新路肩处柔性位移计的最大应变为 0.453% ,边坡中线处为 0.689% ,坡脚内沿 1m 处为 0.169% ;K66 + 050 断面新路肩处柔性位移计最大应变为 0.396% ,边坡中线处为 0.511% ,坡脚内沿 1m 处为 0.213% 。赤承高速公路扩建中设计采用的土工格室的屈服应变不小于 10% ,断裂应变小于 15% 。实测土工格室变形远小于设计的安全值,这反映设计采用的土工格室在抗拉伸变形指标选择方面可能过于保守,具有进一步优化的可能性和必要性。

6.4.4　沉降变形结果与分析

根据原位测试,得到 K66 + 050 ~ K66 + 150 段不同时间沉降板沉降随填土高度变化,见图 6-18。第 6d、8d 测试结果明显跳动,分析为测试误差。从图中可看出:随时间的增加和填土高度的增加,路基表面沉降量也增加;填土期间沉降增长较快,填土完成后,沉降逐渐趋于稳定;旧路基沉降变化曲率为 0.15% ,新路基沉降变化曲率为 0.16% ,最大沉降量约为 40mm,且已基本稳定。

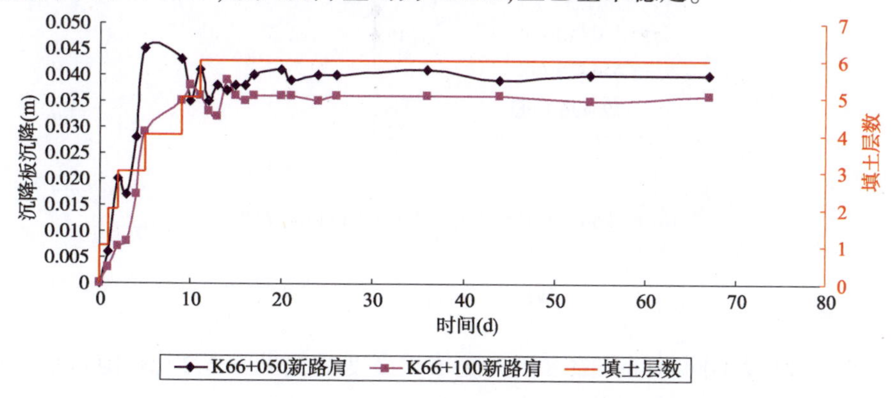

图 6-18　K66 + 050 ~ K66 + 150 不同时间沉降板沉降随填土高度变化

与K65+500~600、K65+950~K66+050段沉降量对比，发现经过土工格室加固的地基沉降量明显小于土工格栅加固区的沉降量，这表明土工格室独特的三维立体结构能够有效地降低基底应力集中，减少沉降。

6.4.5 水平位移结果与分析

K66+050不同时间路基水平位移随深度变化见图6-19。可以看出，路基的水平位移整体不大，最大约为3mm；路基的水平位移沿深度变化均匀，这与地质条件相符；地基水平位移随深度增加而减小，符合路基水平位移发展规律。

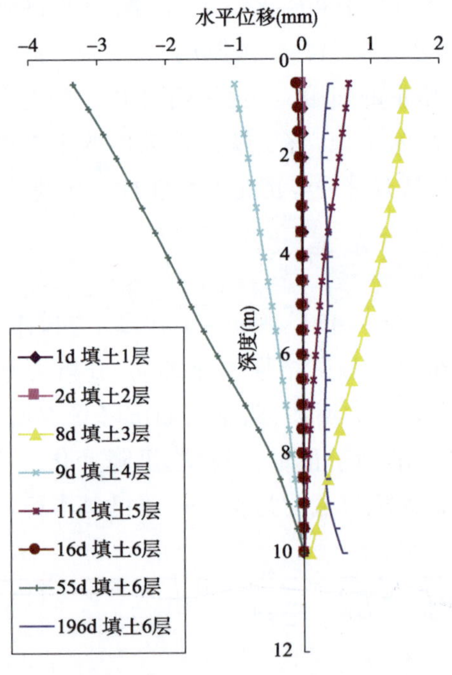

图6-19 K66+050不同时间路基水平位移随深度变化

6.4.6 孔隙水压力结果与分析

K65+100段不同时间孔隙水压力随填土高度变化见图6-20，孔隙水压力所反映出的结果并不能代表路基实际情况，具体原因见前文解释。

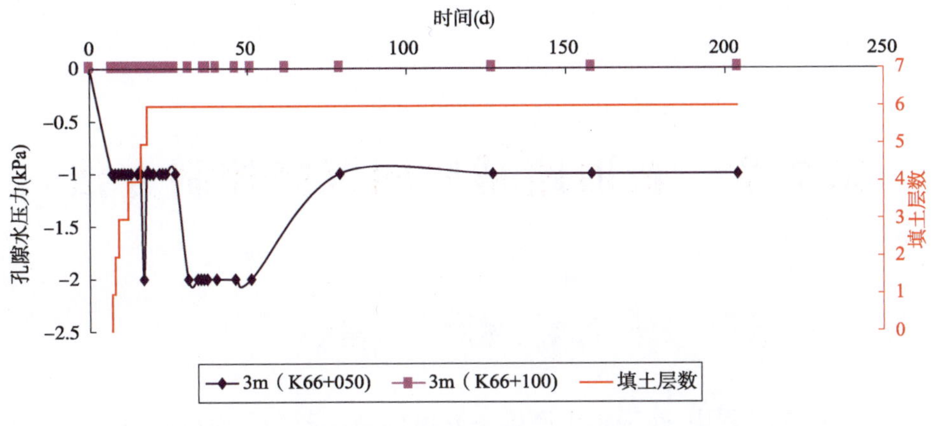

图 6-20　K65 +100 段不同时间孔隙水压力随填土高度变化

6.5　本 章 小 结

试验段 K65 +600 ~ K65 +700、K65 +950 ~ K66 +050 以及 K66 +050 ~ K66 +150 段地质条件良好，无不良下卧层，填方高度为 2 ~ 3m。通过对比、分析单向钢塑格栅、双向钢塑格栅、土工格室处理新旧路基结合部的测试结果和数值分析结果，得到如下结论：

①土工格栅、土工格室能够在路基发生不均匀沉降时，抑制土体侧向变形，减小差异沉降，增强新旧路基的结合能力。

②对于低填方良好地基，如不做地基处理，新路基的沉降量也不大，土工格栅、土工格室只是在一定程度上加强了新旧路基的协同沉降，但由于路基的整体沉降量较小，这种加强效果并不明显。因此，针对低填方良好地基，可不做地基处理。

③土工格室独特的三维立体结构能够为土工筋材与土体提供良好的咬合能力，保证土工格室与土体的协同变形。

④土工格室降低拓宽路基沉降量的效果优于土工格栅。

第7章　新旧路基协同沉降控制方法

7.1 引　　言

在公路拓宽工程中,路堤填土高度主要由标高控制。工前沉降可以通过填土进行找平,新旧路基工后差异沉降过大是引起拓宽工程病害的主要原因。

在关于工后差异沉降控制标准的研究中,假定路基从旧路中心向新路方向沉降逐渐增大,近似为抛物线,旧路中心和旧路肩沉降基本相同,差异沉降主要考虑发生在拓宽路段,见图7-1。

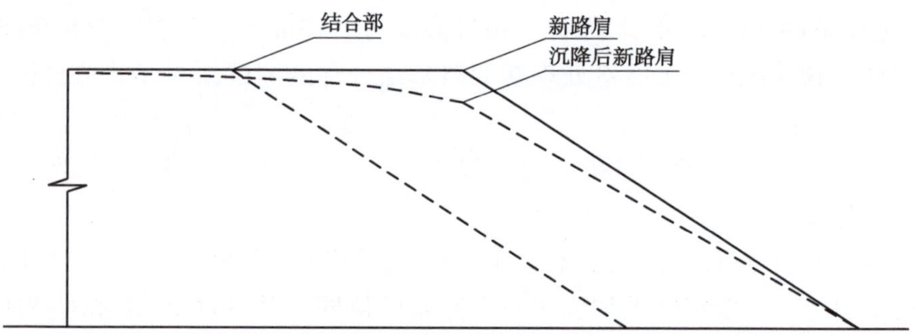

图7-1　路基工后沉降假定示意图

《公路路基设计规范》(JTG D30)规定高速公路工后沉降小于30cm,横坡比小于0.5%。该规范确定了新路基的沉降标准,但未对新旧路基的协同沉降标准做出规定,因此有必要提出新旧路基是否协同沉降的判断标准以及处置措施的设计方法。

7.2 计算新旧路基沉降变化曲率

为了表征新旧路基协同沉降的程度,引入沉降变化曲率的概念。曲率表征曲线偏离直线的程度。曲率值越大,曲线偏离直线的程度越大;曲率值越小,则表示曲线越趋向于直线。根据原位检测数据分别计算新旧路基的沉降变化曲率,比较两者的差别,差异越小说明新旧路基沉降协同率越高,计算公式见式(7-1)、式(7-2)。

$$\kappa = \frac{|f''(x)|}{[1+f'^2(x)]^{3/2}} \tag{7-1}$$

式中:κ——新路基沉降变化曲率;

x——新路基沉降量。

$$\bar{k} = \frac{\int_0^1 k(s)\,\mathrm{d}s}{\int_0^1 \mathrm{d}s} \tag{7-2}$$

式中:$\bar{k}$——旧路基沉降变化率;

s——旧路基沉降量。

7.3　新旧路基协同沉降控制标准与方法

根据前文的研究结论,提出新旧路基的沉降变化曲率差控制在 0.3 内,即认为新旧路基协同沉降。

综合考虑旧路宽度、路面结构差异、拓宽宽度影响,提出新旧路基协同沉降控制方法:

①通过标高测算旧路基路肩处标高,计算旧路基沉降量。

②通过数值模拟计算不做处理的新路基沉降量。

③计算道路横坡比,若计算值小于 0.5%,则新路基不需做处理;若计算值大于 0.5%,则需做处理。

④若新路基需做处理,首先通过数值模拟,分别计算新旧路基结合部与新路基处的沉降变化曲率,比较两者的差值,进而选取不同的处理措施。

⑤对比不同处置措施的成本、技术难度,择优选择处置措施。

第 8 章　工后沉降预测

8.1 引　　言

目前地基沉降计算方法大致可划分为两大类:一类是以分层总和法为代表的工程实用计算方法;另一类是可以考虑复杂本构模型的有限元等数值方法[57]。实用计算法包括把土体当作均质弹性体的弹性理论法(如复合模量法),以及对分层总和法、弹性理论法的各种改进方法[58-60]。

本章通过使用工程实用计算法、利用实测沉降资料推算最终沉降法分别计算最终沉降。在工后沉降推算中不考虑黄土湿陷沉降所造成的影响,原因如下:

①对于非自重湿陷性黄土,水位以下饱和黄土的非自重湿陷性可以不予考虑。根据文献[52],在填方路基中可以不考虑降水对浅层非饱和黄土的影响。

②黄土湿陷系数测试压力为200kPa,远高于拓宽工程中拓宽路堤荷载及土体自重应力在土体中产生的总应力,采用该系数计算出的湿陷量与实际湿陷沉降不符。

常用的利用实测沉降资料推算最终沉降的方法有指数曲线法[59]、双曲线法[60]、Asaoka 法[61]等。近年来又出现了时间序列法[62]、人工神经网络法[63]、灰色理论法[64]等。

8.2 分层总和法

分别计算加固区与下卧层的沉降,二者之和即为复合地基沉降量,即:

$$S = S_1 + S_2 \tag{8-1}$$

式中:S——复合地基沉降量;

S_1——加固区沉降量；

S_2——下卧层沉降量。

8.2.1　加固区沉降计算方法

对于加固区沉降量，采用复合模量法进行计算。该法是将复合地基加固区的桩土构成的复合体，采用复合压缩模量 E_{cs} 来评价其压缩性。分层总和法计算复合地基加固区压缩量 S_1 公式为：

$$S_1 = \sum_{i=1}^{n} \frac{\Delta p_i}{E_{csi}} H_i \tag{8-2}$$

式中：Δp_i——第 i 层复合土上附加应力增量；

H_i——第 i 层复合土的厚度；

E_{csi}——第 i 层复合土的复合压缩模量。

一般采用面积加权平均法计算柔性桩复合地基的复合压缩模量：

$$E_{csi} = m E_P + (1 - m) E_s \tag{8-3}$$

式中：m——复合地基面积置换率；

E_P——桩体压缩模量；

E_s——土体压缩模量。

8.2.2　下卧层沉降计算方法

复合地基下卧层压缩量 S_2 通常采用分层总和法计算。在分层总和法计算中，作用在下卧层土体上的荷载或土体中的附加应力往往难以精确计算，本书采用等效实体法进行计算。

将复合地基加固区视为一等效实体，作用在下卧层上的荷载作用面与作用在复合地基上相同，见图 8-1。等效实体法计算加固区、下卧层上附加应力时，复合地基上荷载密度为 P，作用面长度为 B，宽度为 D，加固区厚度为 h，等效实体侧摩阻力密度为 f，则作用在下卧层上的附加应力为：

$$P_b = \frac{DBp - (2B + 2D)hf}{BD} \tag{8-4}$$

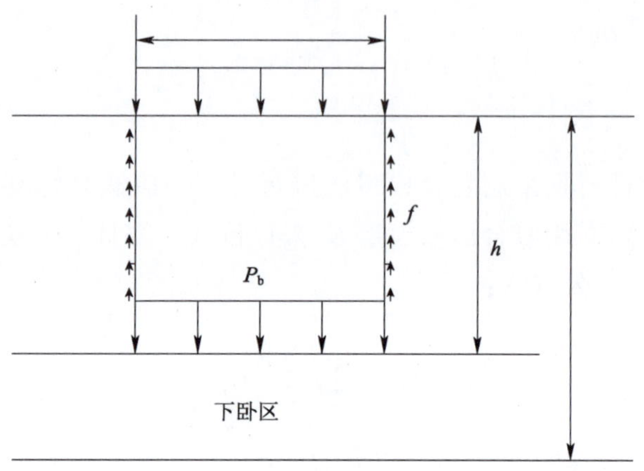

图 8-1 等效实体法

8.2.3 计算原则

K42 +900 ~ K43 +000、K42 +950 ~ K43 +050、K43 +300 ~ K43 +400 段计算复合地基沉降量时,不考虑浅层加固对地基复合模量的提升,地基的复合压缩模量依然采用天然地基的压缩模量。

砂桩压缩模量现场未测定,取值标准参考文献[65] ~ [66]。

K65 +500 ~600、K65 +950 ~ K66 +050、K66 +050 ~150 下卧层为卵石层,勘察手册未给出压缩模量等参数,不做计算。

上覆荷载包括路堤填筑荷载、水泥稳定层荷载和沥青面层荷载。

8.2.4 计算结果

采用上述方法,计算新路肩对应处各段沉降量,计算结果见表 8-1。

沉降计算结果(单位:mm) 表 8-1

区域	断面号	K42 +900 ~ K43 +000	K42 +950 ~ K43 +050	K43 +300 ~ 400	K48 +500 ~ 600	K48 +600 ~ 700	K55 +300 ~ 400
	处理方式	简易石灰桩	冲击压实	水泥石灰稳定层	挤密砂桩	超载预压	挤密砂桩
桩加固区	复合模量法	—	—	—	19	—	18
	目前实测值	—	—	—	13	—	13

续上表

区域	断面号	K42+900 ~ K43+000	K42+950 ~ K43+050	K43+300 ~ 400	K48+500 ~ 600	K48+600 ~ 700	K55+300 ~ 400
	处理方式	简易石灰桩	冲击压实	水泥石灰稳定层	挤密砂桩	超载预压	挤密砂桩
未加固区	分层总和法	50	50	28	—	44	—
	等效实体法	—	—	—	28	—	22
	目前实测值	44	—	8	15	47	14
工后沉降		6	—	20	19	0	13

8.3　双曲线法计算结果与分析

双曲线法近似认为地基的沉降变形量与时间成双曲线函数的关系。这是一种纯经验的曲线配合方法，利用实测沉降量—时间曲线，确定某拐点 t_0（起点，通常取恒载下的某个时刻），将实测 S_t—t 曲线的起点放在 t_0处，则沉降曲线将接近于双曲线，如图 8-2 所示。双曲线计算公式为[45]：

$$S_t = S_1 + (S_\infty - S_1)\frac{t - t_1}{a + (t - t_1)} \tag{8-5}$$

式中：S_1——对应于t_1时刻的沉降量；

a——待定参数；

取 $\eta = \dfrac{S_3 - S_2}{S_2 - S_1}$，$a = \dfrac{2\eta}{1 - \eta}\Delta t$，则

$$S_\infty = S_1 + (S_2 - S_1)\frac{1 - \eta}{1 + \eta} \tag{8-6}$$

根据双曲线法，模拟各段新路肩工后沉降，与实测值对比，见图 8-3 ~ 图 8-9。

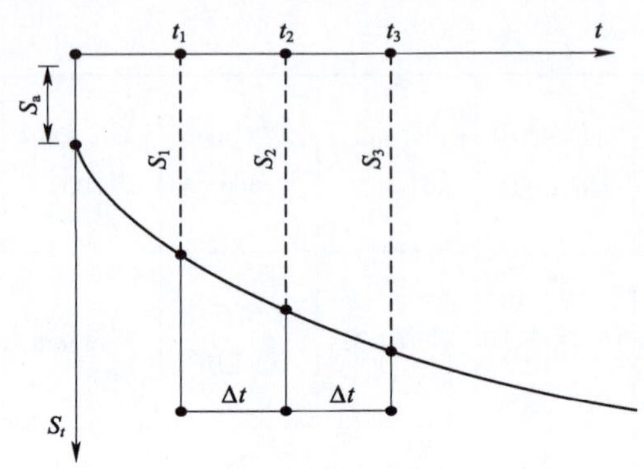

图 8-2　双曲线法时间和沉降的选取

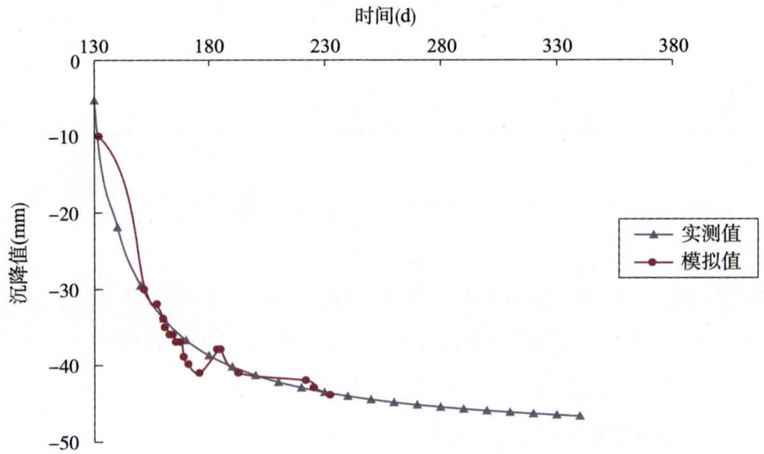

图 8-3　K42 + 900 ~ K43 + 000 简易石灰桩段实测值与预测值对比

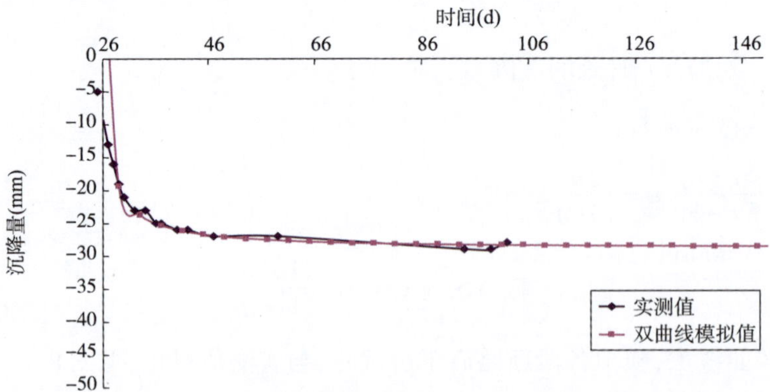

图 8-4　K48 + 500 ~ 600 砂桩段实测值与预测值对比

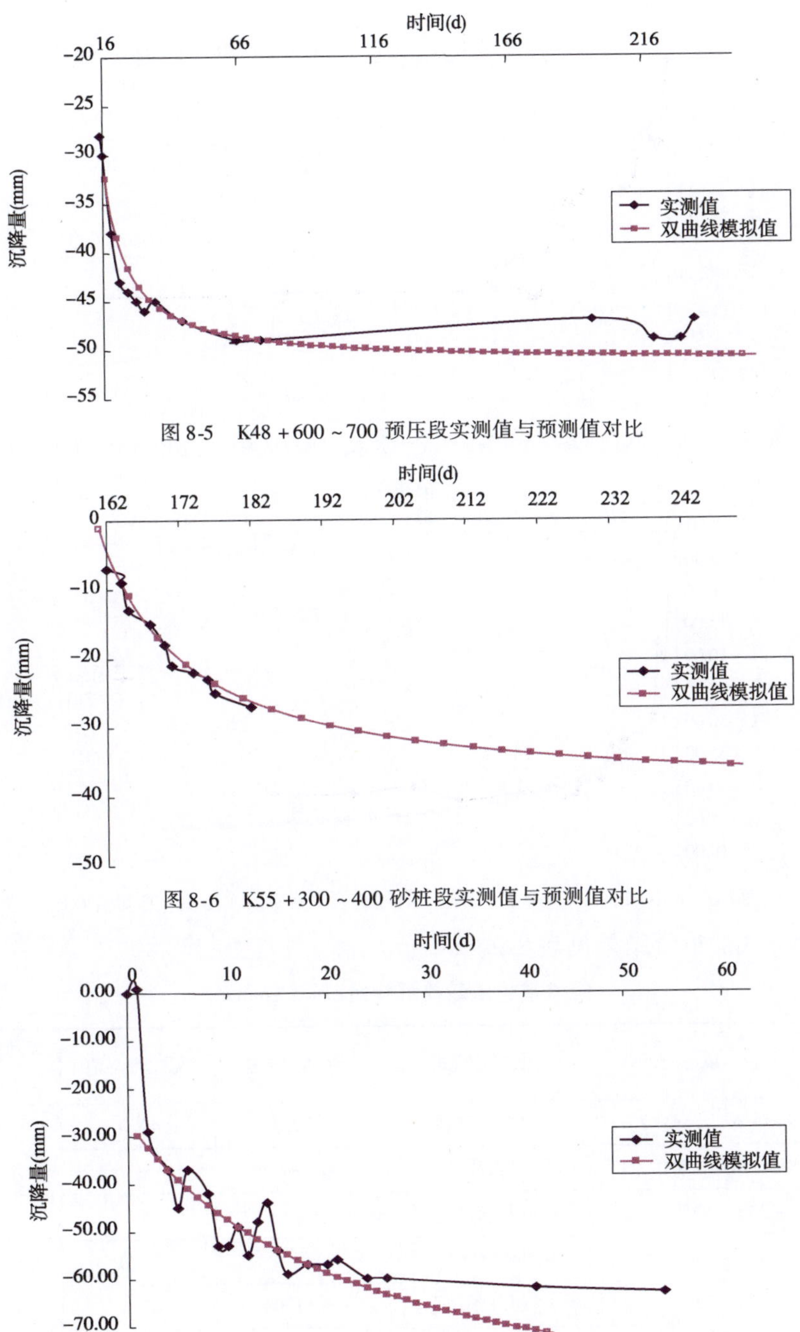

图 8-5　K48 + 600 ~ 700 预压段实测值与预测值对比

图 8-6　K55 + 300 ~ 400 砂桩段实测值与预测值对比

图 8-7　K65 + 500 ~ 600 台阶 2m、铺筑单向钢塑格栅段实测值与预测值对比

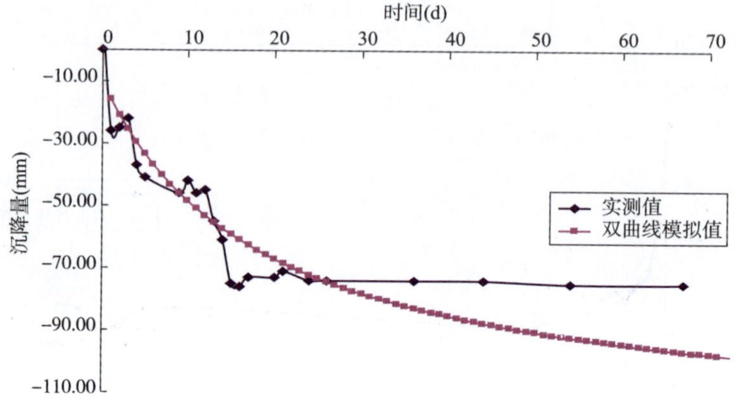

图 8-8　K65 +950 ~ K66 +050 台阶 1m、铺筑双向钢塑格栅段实测值与预测值对比

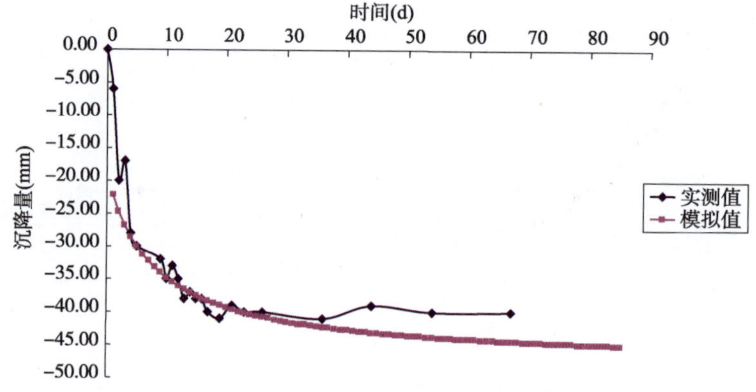

图 8-9　K66 +050 ~ K66 +150 台阶 1m、铺筑土工格室段实测值与预测值对比

两种方式的拟合结果见表 8-2。

经验推算法最终沉降量(单位:mm)　　表 8-2

试验段	处理方式	双曲线法	实测值	实测值推算法工后沉降
K42 +900 ~ K43 +000	简易石灰桩	50.7	44.0	6.7
K42 +950 ~ K43 +050	冲击压实	—	—	—
K43 +300 ~ 400	水泥石灰稳定层	—	8.0	—
K48 +500 ~ 600	挤密砂桩	29.0	28.0	1.0
K48 +600 ~ 700	超载预压	51.0	47.0	4.0
K55 +300 ~ 400	挤密砂桩	40.5	27.0	13.5

续上表

试验段	处理方式	双曲线法	实测值	实测值推算法工后沉降
K65 +500 ~600	铺筑单向钢塑格栅	97.0	63.0	34.0
K65 +950 ~ K66 +050	铺筑双向钢塑格栅	121.0	75.0	46.0
K66 +050 ~150	铺筑土工格室	47.0	40.0	7.0

8.4　工程实用计算法计算结果与分析

采用工程实用计算法及实测值推算法计算各段工后沉降，见表 8-3。从表中可以看出：简易石灰桩、预压法都能够有效地减小工后沉降量，但考虑到采用预压法处理段(K48 +600 ~700)填方高度为 6.5m，而采用简易石灰桩处理段(K42 +900 ~ K43 +000)填方高度仅为 2m，预压法效果更好；土工格栅处理段工后仍可能有较大的沉降，相较而言，土工格室在减小工后沉降上优于土工格栅。

工程实用法及实测值推算法计算各段工后沉降对比(单位：mm)　　表 8-3

试验段	处理方式	实测值	工程实用计算法工后沉降	实测值推算法工后沉降
K42 +900 ~ K43 +000	简易石灰桩	44.0	6.0	6.7
K42 +950 ~ K43 +050	冲击压实	—	—	—
K43 +300 ~400	水泥石灰稳定层	8.0	20.0	—
K48 +500 ~600	挤密砂桩	28.0	19.0	1.0
K48 +600 ~700	超载预压	47.0	0.0	4.0
K55 +300 ~400	挤密砂桩	27.0	13.0	13.5
K65 +500 ~600	铺筑单向钢塑格栅	63.0	—	34.0
K65 +950 ~ K66 +050	铺筑双向钢塑格栅	75.0	—	46.0
K66 +050 ~150	铺筑土工格室	40.0	—	7.0

各段工后沉降均小于第 7 章所计算出的工后最大容许差异沉降 65mm，满足该公路拓宽工程工后差异沉降控制标准。

8.5 本章小结

目前,高速公路拓宽工程在公路建设领域所占的比重越来越大,内蒙古自治区在建与规划建设的公路拓宽工程不断增多,但针对内蒙古山区特殊地质、气候条件的研究却较少。因此,采用何种方式处理内蒙古山区拓宽工程新路基以减小新旧路基间的差异沉降具有重要意义。

依托内蒙古赤承高速公路拓宽工程,针对不同的填方高度、地质条件、拓宽类型采用不同的路基处理方式,并对路基变形进行原位监测,通过对比、分析监测结果,得到以下结论:

①在处理拓宽路基时要充分考虑地质条件、拓宽类型、填方高度、地下水位等因素,保证新旧路基工后差异沉降复合要求。

②现有路基设计规范中横坡比只是新旧路基工后差异沉降的控制指标,不能作为施工过程中新旧路基不同深度范围内协同沉降变化规律,本项目通过对比新旧路基平均沉降变化曲率,明确新旧路基的施工工程中沉降协同程度。

③通过对比数值模拟结果与实测结果,本书建立的数值模型可有效预测路基的沉降量与路基差异沉降。

④对于低填方浅层非自重湿陷性黄土地基,推荐利用石灰桩处理新旧路基,该措施可有效减小新旧路基总沉降量,同时可增强新旧路基协同沉降。

⑤对于高填方浅层非自重湿陷性黄土地基,利用砂桩处理新旧路基可大幅降低新旧路基总沉降量,但新旧路基的协同沉降效果一般,利用超载预压处理新旧路基,路基的总沉降量增大,但工后沉降量小,同时新旧路基的协同沉降效果较好。综合考虑施工工艺与经济性,推荐利用超载预压处理填方浅层非自重湿陷性黄土路基。

⑥对于低填方良好地基,如不做地基处理,新路基的沉降量也不大,土工格栅、土工格室只是在一定程度上加强了新旧路基的协同沉降,但由于路基的整体沉降量较小,这种加强效果并不明显。因此,针对低填方良好地基,可不做地基处理。

⑦各试验段水平位移均在1cm之内,说明各试验段地基水平位移均较小,反映出地基稳定,没有侧移失稳的可能。

⑧砂桩法处理地基时,可以形成竖向排水通道,减小超静孔隙水压力增量,加速超静孔隙水压力的消散。

⑨土工格室在降低拓宽路基沉降量上优于土工格栅。

本研究的创新点如下：

①依据原路面宽度、拓宽宽度、采用的基层材料类型、面层材料类型，通过数值模拟、现场试验验证确定新旧路基沉降变化曲率，利用该指标表征路基不同深度范围内沉降变化规律。

②通过对比新旧路基的沉降变化曲率，提出以新旧路基沉降变化曲率差值作为施工过程中新旧路基差异沉降的控制指标。

③发明了一种基于挤扩成孔的端承锚杆的施工装置和施工方法，并利用该装置成型简易石灰桩，与常规方法相比，该方法具有成孔速度快、不易塌孔等特点。

④基于新旧路基不协调变形控制，提出了一系列山区新旧路基结合部处置实用技术（采用不处理、置换、深桩、浅桩、刚性桩、柔性桩等），明确了各种措施的技术原理、应用方法、施工工艺及质量控制方法，总结归纳了《山区高速公路拓宽填方路基的不均匀沉降处置施工技术指南》，为制定山区高速公路路基拓宽工程的设计和施工技术标准提供了依据。

附录 “山区高速公路拓宽填方路基的不均匀沉降处置技术研究”试验实施细则

一、概述

大庆至广州高速公路赤峰至茅荆坝(蒙冀界)段公路(赤承高速公路)是大广高速公路内蒙古境内的南段,是内蒙古自治区高速公路网的组成部分,也是《东北地区振兴规划》中跨区域交通基础设施建设的规划项目之一。其北接在建的平庄(辽蒙界)至赤峰高速公路,进而接已建的通辽至赤峰、赤峰至大板高速公路,南接河北省拟建的茅荆坝(蒙冀界)至承德高速公路,进而接已建的京承高速公路、在建的承(德)唐(山)高速公路,与相关公路一起共同构成蒙东地区入关、进京、出海的便捷公路通道及东北地区与华北地区联系的又一快速通道,在国家、区域和内蒙古自治区高速公路网中居重要地位。

赤承高速公路路线全长 100.58km,设计行车速度 100km/h,路基宽度 26m。K42 +204 ~ K102 +910 为旧路改造加宽段,此段路线充分利用原 S206 一级公路线位,两侧加宽改造为高速公路,此段即为本试验所依托的工程段。

二、编制依据

1.《山区高速公路拓宽填方路基的不均匀沉降处置技术研究》。

2.《客运专线铁路工程设计标准使用手册》。

3. 设计院提供的设计图纸、勘察报告等相关资料。

4. 设计图纸要求的监测方案。

5.《武广科研监测设备埋设指导》。

6.《土木工程测试技术手册》。

7.《简明深基坑工程设计施工手册》。

三、试验内容及试验细则

(一)概述

本次测试除采用常规的设边桩进行位移观测、设地面沉降板和路基面沉降桩进行沉降监测外，补充了深部沉降监测、地下孔隙水压、深部水平变形监测及地基土压力、拉筋变形等测试内容。各个试验段的仪器信息总汇详见附表1。

试验段仪器信息总汇　　附表1

序号	桩　　号	拓宽方式	试验采取的处理方案	测试时间段	埋设日期	试验段放设仪器
1	K42+900~K43+000	双侧拓宽，填方高度2m	简易石灰桩，桩径50cm，处理深度为表层0.5m，三角布桩，桩间距1m	2011.11~2012.07	2011.11	分层沉降标、深基侧斜仪、孔隙水压力监测仪、土壤水分监测仪
2	K43+000~K43+100		加铺水泥石灰土层，处理深度表层50cm，水泥、石灰、砂砾之间的比值为5:10:100	2011.11~2012.07	2011.11	
3	K43+300~K43+400		冲击压实，清表后填筑10cm砂砾，冲击压实后再填筑50cm厚砂砾冲击压实	2011.11~2012.07	2011.11	
4	K55+300~K55+400		砂桩，桩径40cm，处理深度800cm，三角布桩，桩间距1.2m	2011.10~2012.07	2011.10	
5	K48+500~K48+600	双侧拓宽，填方高度6.5m	砂桩，桩径40cm，处理深度500cm，三角布桩，桩间距1.2m	2011.11~2012.07	2011.11	
6	K48+600~K48+700		预压，填筑完成之后在新旧路堤结合部进行预压，预压高度为3.3m	2011.07~2012.05	2011.07	

续上表

序号	桩　　号	拓宽方式	试验采取的处理方案	测试时间段	埋设日期	试验段放设仪器
7	K61+200～K61+300	双侧拓宽，填方高度2～3m	路床顶面铺筑土工格室			沉降板、深基侧斜仪、孔隙水压力监测仪、土壤水分监测仪，柔性位移计
8	K65+600～K65+700		台阶2m，铺筑单向刚塑格栅	2011.08～2012.05	2011.08	
9	K65+950～K66+050		台阶1m，铺筑双向刚塑格栅	2011.08～2012.05	2011.08	
10	K66+050～K66+150		台阶2m，铺筑土工格室	2011.08～2012.05	2011.08	
11	K71+400～K71+650	双侧拓宽，挖方	60cm深盲沟+换填	2012.05～2012.06	2012.05	孔隙水压力计、测斜仪

针对此次的测试内容，采用的测试仪器有：深层沉降仪、测斜仪、压力盒、柔性位移计、孔隙水压力计、水准仪，如附表2所示。

测试仪器一览　　附表2

仪器种类	型号及尺寸	量程	位移方向	灵敏度	精度	温度	生产单位
深层沉降仪	JMZX-1006	0～50m	竖直方向	—	1mm	—	长沙金码
综合测试仪	JMZX-7000	0～6MPa	—	—	1kN	-10～40℃	长沙金码
压力盒	JMZX-50XX系列		竖直方向	0.001MPa	0.1Hz	—	长沙金码
柔性位移计	JMDL-24XX系列		垂直于道路走向				长沙金码
孔隙水压力计			—				长沙金码
水准仪							苏州一光

(二)测点位置的布放

①根据设计院提供的测试研究大纲、设计图纸及监测方案，从而得知要测断面的里程。

②利用 GPRS 全球定位仪对主测断面进行放点，分别在断面中心与两边坡脚处放出 3 个点，以此作为参照点，3 点连线垂直于路线。

③按设计图纸要求的监测方案，在 3 个参照点确定的直线上进行测点的布放。特别注意：测点不能布放在水沟、挡土墙以及桩的位置，可以根据情况适当挪移，要保证两个钻孔点相对距离 1 ~ 1.5m，以防止穿孔并防止孔打在桩上。

（三）测试仪器的埋设方法及控制技术

1. 钻孔

（1）垂直度的保证

利用铅垂法确定钻孔机的垂直度。

（2）钻孔深度的保证

通过量测钻杆的长度来确定孔深。对于深层沉降管和测斜管，一般要比预定深度多打 0.5 ~ 1m 以防止泥浆等造成孔深达不到要求；对于孔隙水压仪，只要打到预定深度即可。

（3）钻孔质量的保证

由于地面以下有 10m 左右的砂层，为防止塌孔现象的发生，宜采用套筒和泥浆护壁。

2. 深层沉降

1）沉降管与磁环的组装

根据设计孔深，将相应长度的沉降管进行编号，防止下管时出现错乱；按设计图纸要求将磁环放在相应位置，并通过卡子限定磁环向上的位移（注意：最底下那个磁环要固定住，可以作为反测的参照点）。

2）沉降管的埋设

（1）埋设准备

开始埋设安装套管前，应把需用的所有工具、设备和材料都准备好，包括：深层沉降管、螺丝、胶带、管帽等。

（2）埋设过程

①定位。沉降管的孔位要按设计的监测断面进行定位。

②钻孔。在定位点进行钻孔，应保持管身垂直。

③下管。最下面一根沉降管末端须安装管帽，向钻孔内放沉降管的过程中，可向管内加适量的水来减小钻孔内水产生的浮力，以提高埋设速度；下管过程中，要扶正整个管身；沉降管随埋随接（用螺丝连接），并在接管处用胶带密封防止泥浆

进入堵塞管子,直至将沉降管下到预定位置;下完管后宜将沉降管口封闭,防止杂物等进入管内,且可以适当进行回填或采用自然缩孔。

④确定。沉降环埋好后,应立即用沉降仪测量一次,对环的位置、数量进行校对。

⑤把埋设情况记入记录表(附表3),记录表的主要内容为:工程名称、仪器系数、沉降管编号、位置、孔口高程、深度、埋设方式、埋设环数、埋设日期、人员等。

元件埋设情况记录表　附表3

断面位置	观测箱位置	埋设的元件	孔号	元件编号	埋设深度	埋设位置	钻孔位置	初始读数	埋设日期	天气	埋设人员	备注

3. 测斜管的埋设

测斜管的埋设位置应按试验设计测量确定,一般宜设在坡脚外约1m处以防止埋在排水沟里。

1)埋设准备

开始埋设安装套管前,应把需用的所有工具、设备和材料都准备好,包括:测斜管、螺丝、管帽等。

2)埋设过程

①定位。测斜管的孔位要按设计的监测断面进行定位。

②钻孔。在定位点进行钻孔,应保持管身垂直,成孔偏斜度不允许大于1°,钻至预定深度。

③下管。下管前应检查仪器与测管的匹配性能,不匹配不得使用;最下面一根测斜管末端须安装管帽,向钻孔内放测斜管的过程中,可向管内加适量的水来减小钻孔内水产生的浮力,以提高埋设速度;下管过程中,要扶正整个管身,导槽应对正设定的方向,即一对导槽要垂直于线路(可以通过一对导槽与3个参照点共线确定);测斜管随埋随接(用螺丝连接),直至将测斜管下到预定位置;下完管后宜将测斜管口封闭,防止杂物等进入管内。

④回填。测斜管在钻孔内按要求放置好后,及时将测斜管周围回填细砂。边填边用钢钎捣固密实并适当加水。灌砂灌水工作要连续7~10d,直到管子四周孔隙完全回填密实。最后,用水泥砂浆对孔口进行抹平防护。

⑤记录。把埋设情况记入记录表,记录表的主要内容为:工程名称、仪器系数、测斜管编号、位置、孔口高程、深度、埋设方式、埋设日期、人员等。见附表3。

4. 孔隙水压计

1)埋设准备

埋设前,应对孔隙水压计进行检查。用透水土工布将元件包裹,用铁丝绑扎,然后将孔隙水压力计清零(特别注意:埋设后不能再次清零)。开始埋设安装套管前,应把需用的所有工具、设备和材料都准备好。

2)埋设过程

①定位。孔位要按设计的监测断面进行定位。

②钻孔。在定位点进行钻孔,钻至预定深度,钻探完成后钻孔须清洗干净,孔内不能有岩芯碎块或其他杂质。钻孔岩芯应按深度次序摆放好,以备回填钻孔。另外,由于元件个数和土层的影响,为了得到更加真实的数据,宜设两孔进行埋设。

③下放元件。当元件埋设比较深时(如大于15m时),应将孔隙水压计装在专用套头上,用钻杆将孔隙水压计压入孔底,压入深度约20cm;当元件埋设深度较浅时(如小于15m时),可以利用元件自重放到预定位置(若不能下到预定深度,应按前一种方法重新进行)。另外,在第一个元件埋设好后,使用黏土球封孔至一定高度,再在孔中投放部分干净的砂料至第二个元件的埋设标高,依次重复。

④回填。孔隙水压计埋入土体后,将钻孔内岩芯撮成小球,将其填入孔内相同深度,边填边用木柱将回填土捣固密实。

⑤记录。把埋设情况记入记录表,记录表的主要内容为:工程名称、仪器系数、元件编号、位置、孔口高程、深度、埋设方式、埋设日期、人员等。见附表3。

5. 土压力盒

1)埋设前检查

埋设前用测试仪器检测钢弦式土压力盒工作是否正常、稳定,并将土压力盒清零(特别注意:埋设后不能再次清零)。

2)埋设

①当填土厚度高出埋设标高一层时,在元件埋设水平位置向下挖坑到设计标高(注:在桩顶放置压力盒时,找出桩顶位置,在桩上挖一约1cm深的槽放置压力盒;在桩间土放置压力盒时,由于砂层比较厚,可能产生较大的位移,为使压力盒水平放置、受力均匀,宜在埋设处挖30cm的坑,浇筑水泥并抹平)。

②把埋设情况记入记录表，记录表的主要内容为：工程名称、仪器系数、元件编号、位置、埋设方式、埋设日期、人员等。见附表3。

6. 柔性位移计

1）埋设前检查

埋设前用测试仪器检测柔性位移计工作是否正常、稳定。

2）安装

①当填土厚度高出埋设标高一层时，在元件埋设水平位置向下挖坑到设计标高，然后将柔性位移计两端螺丝扣固定在合适间距的格栅上，用监测仪器测试其位移值，使位移值大约为其最大值的1/3。柔性位移计埋设完成后，上部用中粗砂覆盖，轻轻捣实，坑内回填填料。

②把埋设情况记入记录表，记录表的主要内容为：工程名称、仪器系数、元件编号、位置、埋设方式、埋设日期、人员等。见附表3。

（四）各测试仪器及导线的保护措施

施工期间进行科研工作，由于车辆、碾压机械、人、填土等因素的影响，情况非常复杂，因此对仪器及导线等的保护显得尤为重要。

在埋设元件和钻孔位置设置醒目标志，防止元件和导线受到施工机械等人为因素而破坏。

沉降管和测斜管在后期填土时可以用一个刚度较大的外壁加以保护，如砖砌套筒。

导线的保护要求如下：

①所有监测设备的导线必须保护后才能引出路堤外，防止施工过程中机械碾压对导线的破坏。可采用钢丝波纹管、PVC 管等进行保护。

②导线引出坡脚后，要在导线引出处设置醒目标识，防止破坏。

③要按元件类别、位置对导线归类保护。

④所有导线都统一引到相应的观测测试箱内，做好防水、防盗设施。

（五）各项测试工程的方法

1. 水准仪操作方法

①架设仪器。打开三脚架，稳固地架设于地面，注意使顶面尽量保持水平，然后将仪器小心固定在三脚架上。

②粗整平。旋转照准部，使其中的一个水准器与任意两个脚螺旋的连线平行。调节三个脚螺旋，使十字水准器的水泡居中。此时，若仪器的上部转至任意位置，

气泡都处在中心,仪器即基本整平。

③瞄准。松开制动扳手,旋转照准部,通过其上的准星和缺口初步瞄准尺。然后,锁紧制动扳手,进行目镜调焦,转动目镜调焦螺旋,使分划板的刻线像最清晰。接着,进行物镜调焦,转动调焦手轮,使标尺十分清晰地成像在分划刻线平面上。最后,转动微动手轮,将标尺置于分划板十字丝右侧(便于用楔形丝夹标尺分划)。

④读数。

2. 深层沉降测试

1)测试方法

①每次观测时,用水准仪测出管口高程。

②将电磁式测头放入孔内,通电源,当测头遇到沉降环时,指示灯亮并且蜂鸣器发出音响,即可读出孔口至测点距离,依次自上而下逐点测定从沉降环至管口的距离,换算出相应各测点之高程,按公式算出各测点的沉降量。

2)精度控制要求

①当探头下放时,以第一声为准。

②读数精确到1mm。

③每次观测均应对准管口固定位置进行读数,可以在管口做一醒目标记作为读数参照(最好是在管口做一醒目的刻痕)。

3. 测斜测试

1)测试方法

①将探头导轮卡置在测斜导管的导槽内,由电缆下放,轻轻将探头放入测斜导管中,放松电缆使测头滑至孔底(当触及孔底时,应避免激烈的冲击)。

②使探头在孔底停留 2 ~3 min,以便在孔内温度下稳定,以使读数稳定。

③将探头拉起至最近深度标志作为测读起点,每 50 cm 测读、储存数据 1 次,利用电缆标志测读至导管顶端为止。每次读数时要注意将电缆对准固定标志(最好是刻痕)并拉紧,以防读数不稳。

④将探头调转 180°重新放入测斜导管中,让测头滑至孔底,重复上述测量步骤(注意:前后两次测试的测点间距要相同)。

⑤初测——测斜导管埋设完毕,经一段时间稳定后,即可建立初始测量值,所测结果视为基准值记入埋设考证记录表(一般宜为2d 的初始读数的平均值),并作为埋设施工验收的依据之一;后测——根据施工进度确定测量频度。

2)精度控制要求

(1)探头

当导轮发生轴磨损、偏移或导轮转动受限、导轮弹性不足等情况,将产生误差。每次观测完毕,应洗涤动滑轮和定滑轮,吹干,并用轻质机油润滑,同时要检查所有滑轮以确保能自由转动。

(2)电缆

电缆每 50 cm 有 1 个标记,要求每一次提拉测量时,必须是同一个点,否则就会引起一定的误差。使用前后应用湿抹布抹去电缆上的污物并且能看清电缆的标记。电缆在长期负重的情况下,其长度易发生变化,这就相当于实际测头的位置发生了变化,从而使测值产生误差,这种情况必须及时纠正。

(3)读数仪

使用过程中,其电池电压不得低于 12 V。否则,由于内部电压变换器的稳压效果差,测斜仪的读数很可能会跳动,导致读数不准确。如使用时遇到下雨,应停止操作,避免水浸入。每次用毕,应擦干该读数仪,存放到清洁且干燥的环境中,并及时充电。

(4)温度

测斜孔中的温度会对仪器观测值产生一定的影响。每次测量时,探头放入孔底应停留 2 ~ 3 min,此时温度变化一般不大,读数开始稳定。

孔隙水压力、土压力、柔性位移都采用综合测试仪来读取数据。

(六)测量频度(按顺序依次进行)

1. 每填一层土时,所有元件都测试一遍。

2. 不上土时,每 2d 测一次。

3. 当路堤完工时,每 3d 一次,共六次。

4. 每星期一次,共测 4 次。

5. 每半个月一次,共测 4 次。

6. 每个月一次,共测 6 次。

7. 每两个月一次,共 4 次。

(七)试验结果的分析与处理

根据现场填筑试验的实测数据,绘制应力、变形等随荷载、时间的过程曲线,主要包括:

1. 荷载—时间—沉降(沉降板、分层沉降)过程曲线。

2. 荷载—时间—水平位移曲线。
3. 地面横向位移—时间曲线分布图。
4. 荷载—时间—孔隙水压力过程曲线。
5. 荷载—时间—应力变化过程曲线。
6. 应力比—荷载—时间过程线。
7. 水平位移随深度变化曲线。
8. 荷载—时间—拉筋变形变化过程曲线等。

(八)各单位的协调和配合

1. 协调施工场地内基准点的保护。
2. 协调施工场地内导线、元件的保护。
3. 协调施工进度与科研进度。

四、各试验段埋设仪器简介

(一)分层沉降仪

分层沉降仪是一种原位测试仪器,如附图1所示,它适用于测量地基、尾矿坝、基坑、堤防等各分层沉降量。根据测试数据的变化,可计算出沉降趋势,分析其稳定性,监控施工过程。分层沉降仪与高精度钻孔测斜仪配合使用,是地基原位监测较理想的设备。

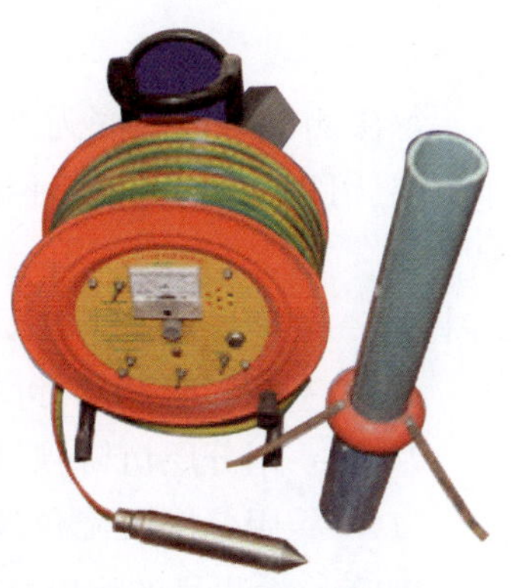

附图1 分层沉降仪

1. 分层沉降仪埋设

①根据成孔孔深,备好规格合适、总长足够的塑料管,在各段外部按照预定测点深度的位置装上感应金属环,最底端的管口必须做封堵处理,以防泥沙堵塞。

②每段管子逐根放入孔内后,应在地表管口上施加压力,使孔底部的管头插入土层中,再向孔壁与外壁之间的空隙中填入中细砂,以利于感应环更好地随着土层垂向变化而上下移动。

③管子全部到位后,应在上部管口做标记,以作为测试时的参照点。测量出的每个感应环的初始深度位置,即为以后测试初始参考值。

2. 测试原理

分层沉降仪所用传感器是根据电磁感应原理设计的,将磁感应沉降环预先通过钻孔方式埋入地下待测的各点位,当传感器通过磁感应环时,产生电磁感应信号送至地面仪表显示,同时发出声光警报。读取孔口标记点上对应钢尺的刻度数值,即为沉降环的深度。每次测量值与前次测值相减即为该测点的沉降量。详见附图2。

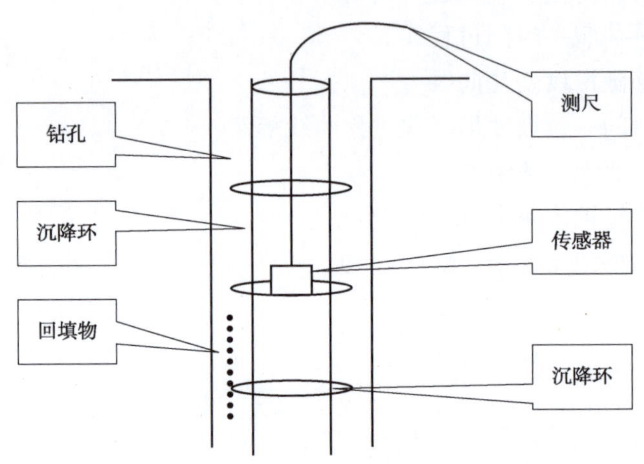

附图2　沉降管测试原理

每次测试时以孔底为基准点,从下往上逐点测试,因为测斜管埋入承载力高的卵石层,可以假定孔底磁环标高不变,则第 i 个磁环标高为:

$$S_i = S_{底} + L_{底} - L_i \tag{附-1}$$

式中:S_i——第 i 个磁环的标高;

$S_{底}$——底部磁环的标高;

$L_{底}$——用分层沉降仪读出的底部磁环到孔口的长度;

L_i——用分层沉降仪读出的第 i 个磁环到孔口的长度。

则第 n 次测量的沉降变化值为:

$$\Delta_{in} = S_{in} - S_{i(n-1)} \tag{附-2}$$

式中:Δ_{in}——第 n 次测量第 i 个磁环的变化值;

S_{in}——第 n 次测量第 i 个磁环的标高;

$S_{i(n-1)}$——第 $n-1$ 次测量第 i 个磁环标高。

则第 n 次测量第 i 个磁环的累积沉降为:

$$\Delta = \sum \Delta_{in} \tag{附-3}$$

3.现场测试步骤

①测试之前检查仪器是否损坏、刻度尺是否缠绕。

②每次接管之后在沉降管上用钢锯做好标记,在下一次接管之前,每一次测试时,分层沉降仪下放位置均为钢尺所做标记位置。

③填土间隔期间,将传感器下放到孔底,缓慢上提传感器,当听到沉降仪发出第一声响声之后,眼光平视刻度尺,读出磁环深度。

④稍微向下放低传感器,重复步骤③两次,取三次读数的平均值作为此磁环的深度,作为孔底标高。

⑤缓慢上提传感器,当听到沉降仪发出响声之后,眼光平视刻度尺,读出磁环深度,每个磁环读3次数,取平均值。

⑥若测试当日填土接管,在接管前、接管后都需测量磁环位置并记录。

(二)测斜仪

测斜仪是一种能有效且精确地测量土体内部水平位移或变形的工程监测仪器,可以监测临时或永久性地下结构水平位移。

本试验所选用的测斜仪为长沙金码实业公司生产的活动式伺服加速度计式测斜仪。测斜仪系统组成部分有:测头、测读仪、电缆线、测斜管,如附图3、附图4所示。

附图3 测头、测读仪、电缆线

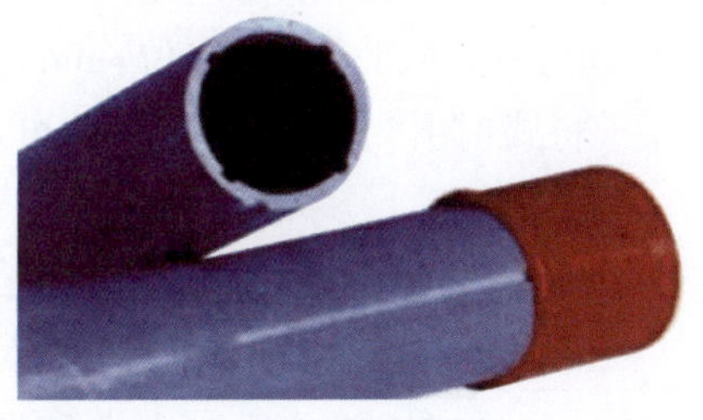

附图4 测斜管

测头:装有重力式测斜传感器。

测读仪:测读仪是二次仪表,需和测头配套使用,其测量范围、精度和灵敏度根据工程需要而定。

电缆线:连接探头和测读仪的电缆,起到为探头供给电源和向测读仪传递监测信号的作用,也可以用来收放探头和测量探头所在测点与孔口距离。

测斜管:测斜管一般由塑料管制成。常用直径为75mm,长度每节2m。管口接头为固定式,测斜管内有两对相互垂直的纵向导槽。测量时,测头导轮在导槽内可上下自由滑动。

1. 测试原理

当测头的敏感轴与基准轴(地球的重力轴)有一个角度时,测头中的加速度计就有一个输出值 U,如下式所示:

$$U = A + K \times G \times \sin\theta \tag{附-4}$$

式中:A——加速度计的偏值(零偏);

K——加速度计的标度因数;

G——地球重力加速度;

θ——倾角。

为了消除加速度计零偏的影响,在测试时采用正反两次测试,比如分别在东西方向上进行测试,可以先测试东方向上的数据,记作 U_1,再进行西方向上的测试,记作 U_2,将 U_1 减 U_2 得:

$$U_1 - U_2 = 2KG\sin\theta \tag{附-5}$$

可以看出:

$$\sin\theta = \Delta_i \times \frac{1}{L} \tag{附-6}$$

式中:L——导轮轮距(500mm);

Δ_i——水平位移(单位:mm)。

将式(附-5)代入式(附-6)可以得到:

$$\Delta_i = \frac{(U_1 - U_2)L}{2KG} \tag{附-7}$$

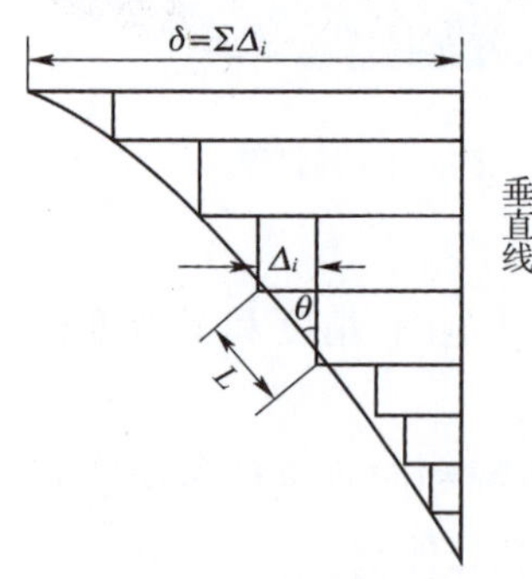

附图 5　测量原理图

对于一个测孔,在确定的方向上,各测试点的位移总和即为

$$\Delta_{总} = \Sigma\Delta_i \tag{附-8}$$

以上测量原理的描述见附图 5。

2. 测斜管埋设

路基检测时,测斜仪需要通过钻孔埋入地基,根据测斜用 PVC 管直径选择合适的钻头尺寸,钻入深度为实际埋深 + 1m。测斜仪埋设平面图见附图 6,侧斜管埋设剖面图见附图 7。

钻孔埋设应符合《土工试验规程》(SL 237—1999)的相关规定。测斜管与钻孔之间有缝隙时,可以采用人工灌砂 + 自然塌孔处理管与孔之间的缝隙,灌砂时需分层灌入,边加水边灌入,保证灌砂的密实度,在测试之前可以结合塌孔量分多次灌砂密实,保证测斜管变形不会受到管与孔之间缝隙变形的影响。

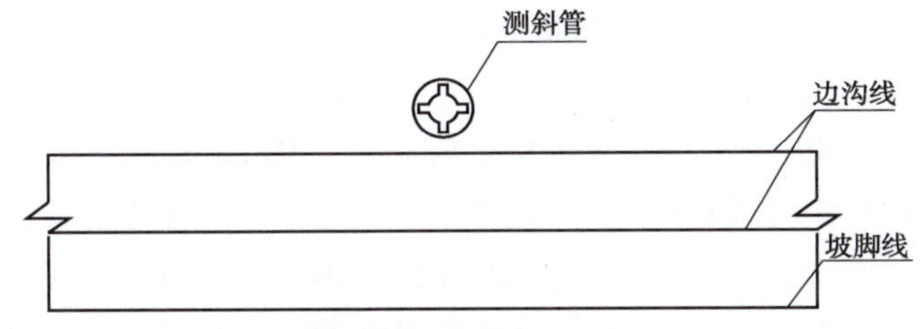

附图6 侧斜管埋设平面图

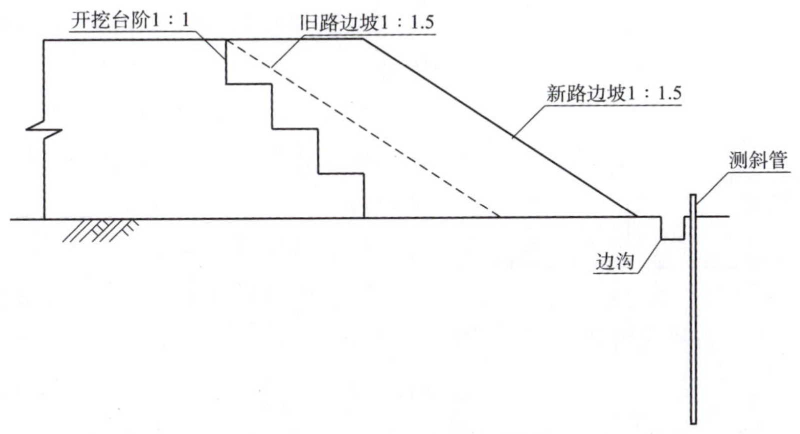

附图7 侧斜管埋设剖面图

3. 操作方法概述

①将探头信号接头按槽对准插入仪器面板,打开电源开关,将探头垂直竖立正中时,显示初始值。该仪器初始值为零,探头沿滑轮方向左右摆动时,显示数字在初始值左右波动,当探头靠立固定不动时,显示数字稳定不变,说明仪器工作正常。

②将探头向某一方向倾斜,显示数字向增大方向变动时,规定此方向为正方向,将该方向对准基坑位移方向,顺槽管而下,以孔底为基准点,每间距0.5m读取一个数字。电缆标记为0.5m一个点。

③规定面对路堤方向倾斜为负方向值,背离路堤方向为正方向值,仪器读数值单位为mm。测孔时,正反方向各测一次,经过计算,即得到该点位置Δ_i的数值。每次测试值减去初次测量值就得到各测点的水平位移值x。

④将初次测量的位移数据作为基准点,一般初始值须测3次,取得较稳定的值。

⑤绘制不同深度水平位移随时间变化关系，反映了地基、边坡随时间变化的绝对位移趋势及数值。根据绝对位移值，结合监测规程及地层情况，决定是否提出报警值，以指导施工部门采取加固处理措施。

(三)沉降板

沉降板由钢底板、金属测杆和保护套管组成。钢底板尺寸为8mm×500mm×500mm。测杆为钢管，直径为4cm。保护套管为具有一定强度的硬塑料管，能套住测杆并使标尺能进入套管。测杆和套管每节长度为50cm，测杆与钢底板的连接采用四角四个螺栓连接，测杆之间和套管之间连接采用螺纹接口对接。沉降板外观图如附图8所示。

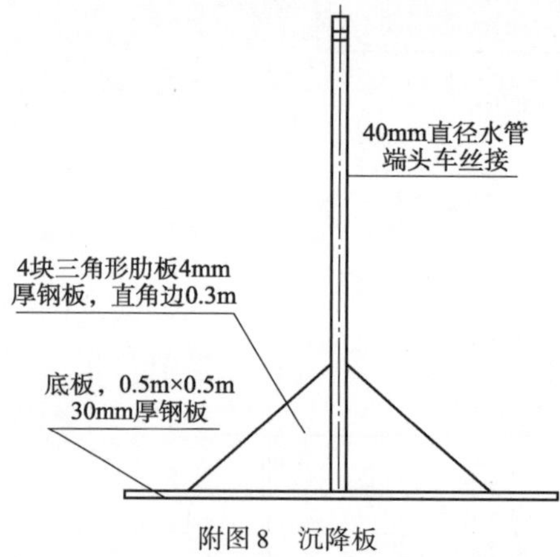

附图8　沉降板

与分层沉降仪相比，沉降板测试简单，但精确度较差，无法反应地表以下土体的沉降特性。

1. 测试原理

沉降板埋设完成之后，每次监测时测量顶端标高，即可推算出沉降板该点的沉降值：

$$\Delta_i = H_i - H_1 \qquad (附\text{-}9)$$

式中：Δ_i——第i次测试的沉降值；

H_i——第i次测试标高；

H_1——第1次测试标高。

2. 沉降板埋设

沉降板埋设位置如附图9所示，埋设深度为0.5m，位置为新路肩往路堤中线方向1m。

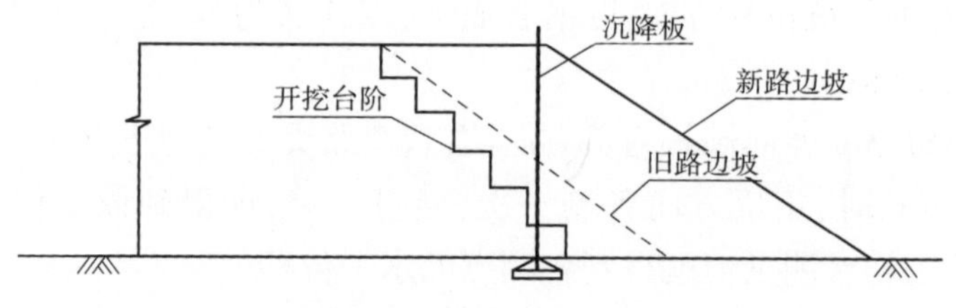

附图9　沉降板埋设示意图

3. 现场监测

沉降板的数据采集由专业的测量班完成，所用的水准仪为精度较高的 DS1 型水准仪，符合《建筑工程测量规范》(GB 50026)的相关要求。

(四)孔隙水压力计

孔隙水压力计也常称为渗压计，是用于测量构筑物内部孔隙水压力或渗透压力的传感器。按仪器类型可以分为差动电阻式、振弦式、压阻式及电阻应变片等。本试验所采用的是长沙金码公司生产的振弦式孔隙水压力计，型号为 JMZX-5520AT，量程为 2MPa，测量精度为 0.01MPa，如附图 10 所示。

1. 测试原理

钢弦式孔隙水压力计测试原理如附图 11 所示。土孔隙中的有压水通过透水石汇集到承压腔，作用于承压膜片上。膜片中心产生挠曲引起钢弦的应力发生变化，钢弦的自振频率随之变化，通过线圈测试出钢弦振频的变化值，即可测出孔隙水压力的变化。

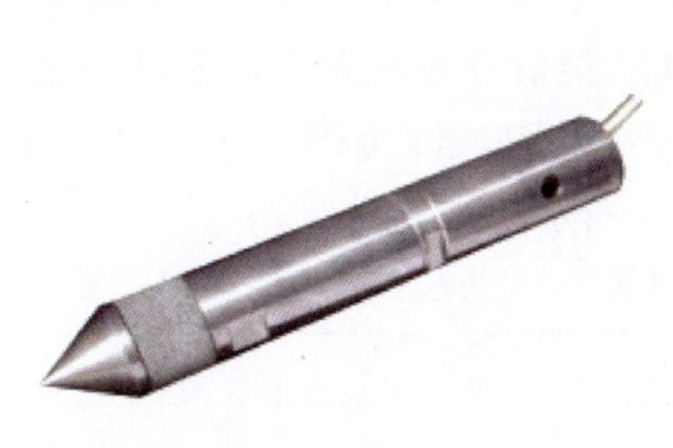

附图 10　孔隙水压力计

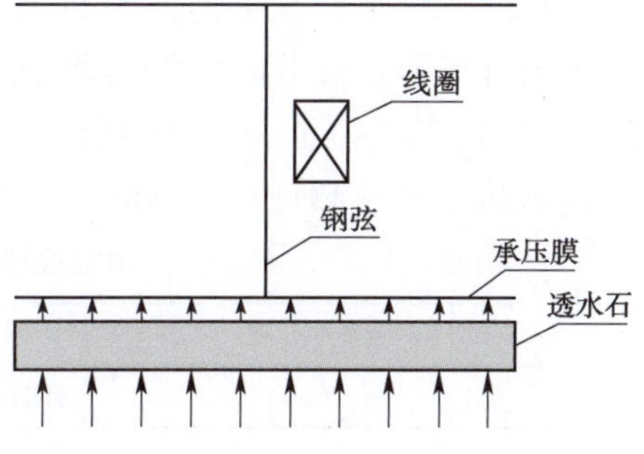

附图 11　钢弦式孔隙水压力计测试原理

2. 孔隙水压力计埋设

如附图 12 所示：

①孔隙水压力计需在填筑前 2 ~ 3 周按设计埋设到指定位置，当埋设深度较浅时应当采取无泥浆护壁钻孔。

②孔隙水压力计在埋设之前需在清水中标定 0 值。

③用透水土工布将透水石及导线保护起来，避免透水石被泥浆堵塞和导线在下放过程中被损坏。

④孔隙水压力计须下放到设计深度以下 0.2 ~ 0.5m。埋设完成之后，用事先准备的黏土球回填钻孔。

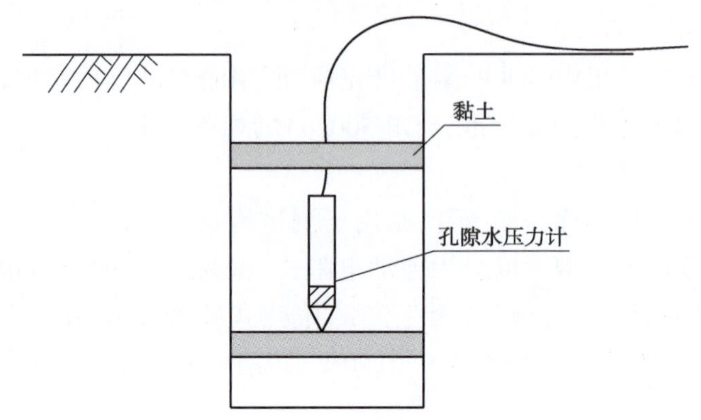

附图 12　孔隙水压力计埋设示意图

（五）柔性位移计

柔性位移计是一种埋入式电感调频类位移传感器。由于其测杆具有一定柔性且由蛇形管保护，可随土工材料变形，因此特别适用于各种土工格栅、土工布等土工材料的应变测量，适合长期监测和自动化测量。通常应用于路基、水利大堤、支挡结构、边坡等工程。安装时应将其两端夹具沿测量方向紧固于土工材料上，使传感器随土工材料产生拉伸或压缩变形。本试验采用长沙金码公司生产的 JMDL-24XX 智能数码柔性位移计，基本参数如附表 4 所示。

柔性位移计参数　　附表 4

标　距	里　程	灵 敏 度	直　径	长
≥100	20mm	0.01mm	21.5mm	170mm

1. 测试原理

柔性位移计测试原理图如附图 13 所示，当测杆发生变形时，可通过导线读出其变形值。

2. 柔性位移计埋设

柔性位移计埋设如附图 14 所示。

①土工格栅埋设完成之后即可进行柔性位移计埋设。

②柔性位移计埋设方向为需要测量的土工格栅变形方向，本试验柔性位移计垂直路堤走向埋设。

③土工格栅需铺设平整，在需要埋设柔性位移计的部位用木板找平。

④将柔性位移计拉开一半量程固定在土工格栅上，保证土工格栅与柔性位移计协同变形。

⑤在填筑之前隔天测试,取平稳后的 3 个测试值的平均值作为初始值。

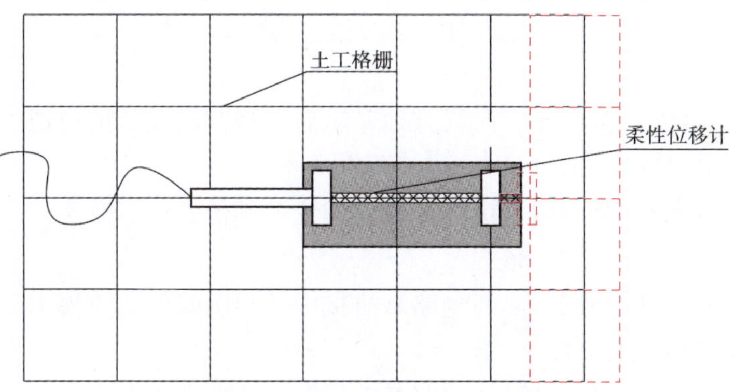

附图 13 柔性位移计测试原理

注:虚线部分代表柔性位移计随土工格栅变形。

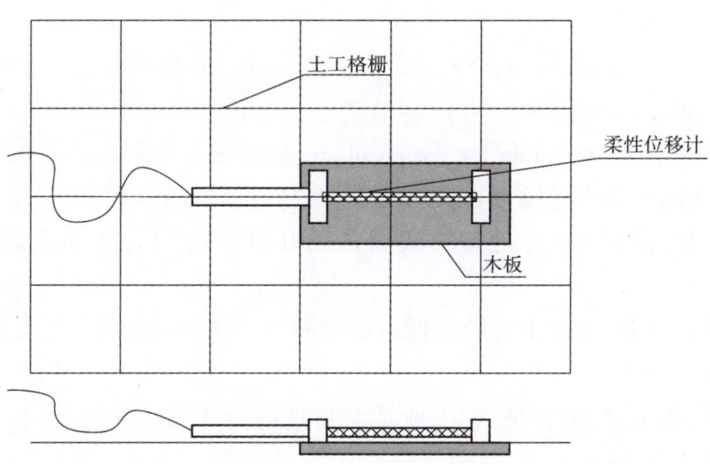

附图 14 柔性位移计埋设示意图

参考文献

[1] 赵建昌,吉随旺,张倬元,等. 强夯地基工后沉降监测及数值模拟[J]. 中国公路学报,2002,15(2):31-35.

[2] 谢永利,刘保健. 公路软基沉降计算新理论及其仿真计算方法[J]. 交通运输工程学报,2001,1(3):32-36.

[3] 唐朝生,刘义怀,施斌,等. 新老路基拼接中差异沉降的数值模拟[J]. 中国公路学报,2007(2):13-17.

[4] 傅珍,王选仓,陈星光,等. 拓宽路基差异沉降特性和影响因素[J]. 交通运输工程学报,2007,7(1):54-57.

[5] 蒋鑫,邱延峻. 旧路拓宽全过程三维有限元分析[J]. 工程地质学报,2005,13(3):419-423.

[6] 鲁水涛. 高速公路拼接段 EPS 轻质路堤断面设计方法研究[J]. 交通科技,2009(5):44-46.

[7] AASHTO. AASHTO Guide for design of subgrade[S]. Washington D. C. :2002.

[8] 浙江省交通规划设计院. EPS 轻质路堤在高速公路的应用研究[R].

[9] 孙四平. 旧路加宽综合处置方案设计的几点考虑[J]. 华东公路,2002(5):7-10.

[10] 日本道路协会. 道路土工软土地基处理技术指南[S]. 北京:人民交通出版社,1989.

[11] 稽如龙,张永宏,宋吉录. 软土地基上路基拓宽处理技术研究[J]. 华东公路,2002(5):25-29.

[12] 贾宁,陈仁朋,陈云敏,等. 杭甬高速公路拓宽工程理论分析[J]. 岩土工程学报,2004,26(6):755-760.

[13] 任文宏. 高速公路软基加固技术及其效果分析[J]. 国外公路,2000(4):55-57.

[14] 叶闪,兰守齐. 旧路扩宽拼接缝产生原因及预防措施[J]. 山西建筑,2007,30:305-306.

[15] 莫百金. 山区拓宽公路新老路基不协调变形分析[J]. 路基工程,2009(1):82-84.

[16] 嵇如龙,张永宏,宋吉录. 软土地基上路基拓宽处理技术研究[J]. 江苏交通科技,2002(4):11-15.

[17] 刘金龙,张勇,陈陆望,等. 路基拓宽工程的基本特性分析[J]. 岩土力学,2010,31(7):2159-2163.

[18] 高翔. 高速公路新老路基相互作用分析与处理技术研究[D]. 南京:东南大学,2006.

[19] RICHARD J, CHRISTOPHER S. Embankment widening design guidelines and construction procedures[R]. West Lafayett, IN: Purdue University, 1999.

[20] FORSMAN J, UOTINEN V M. Synthetic reinforcement in the widening of a road embankment on soft ground[C]//12th European Conference on Soil Mechanics and Geotechnical Engineering.

[21] 朱湘,黄晓明. 加筋路堤的室内模拟实验和现场沉降观测[J]. 岩土工程学报,2003(24):386-388.

[22] 汪益敏,李庆臻,高水琴. 差异沉降对土工格栅加筋路堤工作性能影响的试验研究[J]. 华南理工大学学报(自然科学版),2011,39(9):68-74.

[23] WEBSTER S L. Investigation of beach sand traffic ability enhancement using sand-grid confinement and membrane reinforcement concepts[R]. Viccsburg: U. S. Army Engineer Waterways Experiment Station, 1970.

[24] BATHURST R J, KARPURAPU R. Large-scale triaxial compression testing of geocell-reinforced granular soils[J]. Geotechnical testing journal, 1993, 16(3): 296-303.

[25] KOERNERR M. Designing with geosynthetics[M]. New Jersey :Prentice Hall, 1998.

[26] 王协群,王陶,王钊. 土工格室加筋地基的承载力[J]. 长江科学院院报,2004,21(2):60-62.

[27] 陈正汉,许镇鸿,刘祖典. 关于黄土湿陷的若干问题[J]. 土木工程学报,1986,19(3):88-96.

[28] ROGERS C D F, DIGKSTRA T, SMALLEY I J. Hydroconsolidation and subsidence of loess: studies from China, Russia, North America and Europe[J]. Engineering geology, 1994, 37(2):83-113.

[29] 苗天德,刘忠玉,任九生. 非自重湿陷性黄土的变形机理与本构关系[J]. 岩土

工程学报,1999,21(4):383-387.

[30] 乔国锋.浅谈非自重湿陷性黄土地基加固施工技术[J].山西建筑,2007,33(12):119-120.

[31] 邹立华,赵建昌,陈全红.非自重湿陷性黄土强夯加固振动试验研究[J].岩石力学与工程学报,2005,24(18):3393-3397.

[32] 冯志焱,林在贯,郑翔.孔内深层强夯法处理非自重湿陷性黄土地基的一个实例[J].岩石力学,2005,26(11):1834-1837.

[33] 李明华,张忠,赵如意.郑西客运专线灰土桩桩网结构加固非自重湿陷性黄土地基设计初探[J].铁道工程学报,2007(s1):110-114.

[34] 邵生俊,于清高,王婷.深厚非自重湿陷性黄土地基综合整治新技术研究[J].土木工程学报,2007,40(12):77-82.

[35] 刘汉清,曾国东,应荣华.老路拓宽容许工后不均匀沉降指标[J].公路,2004(3):37-38.

[36] 曾国东,应荣华,郑健龙.老路拓宽容许工后不均匀沉降指标研究[J].辽宁交通科技,2004,(3):30-31.

[37] 苏超,徐泽中.高速公路拼接段地基处理设计分析方法与工程实践[J].工程地质学报,2000(1):81-85.

[38] LINGJ M,QIAN J S,HUANG Q L. New technologies of subgrade widening for highways[R]. Tongji University & Changsha Science and Technology University,2003.

[39] 高翔,刘松玉,石名磊.软土地基上高速公路路基扩建加宽中的关键问题[J].公路交通科技,2004,21(2):29-33.

[40] 胡再强.非饱和黄土的显微结构与显陷性[R].南京水利科学研究院,2000.

[41] 蒋希雁,路培毅.黄土湿陷机理和影响因素[J].河北建筑工程学报,2004,22(1):25-27.

[42] 何永强,朱彦鹏.膨胀法处理非自重湿陷性黄土地基的理论及试验[J].土木建筑与环境工程,2009,31(1):44-48.

[43] 张洪,孙斌谥,朱维高.滚动冲击压实技术及其机械设计研究[J].中国机械工程,1999,10(3):256-260.

[44] 方其杭,张展,陆磊.蓝派冲击式压实机技术物性及应用[J].交通科技与经济,2002(1):13-14.

[45] 杨人风,张永新,赵新荣.土的冲击压实试验研究[J].中国公路学报,2003,16

(3):31-34.
[46] 杨世基.冲击压实技术在路基工程中的应用[J].公路,1999 (7):1-4.
[47] 罗宇生,汪国烈.非自重湿陷性黄土研究与工程[M].北京:中国建筑工业出版社,2001.
[48] 娄国充.冲击压实技术处理高速公路非自重湿陷性地基的应用研究[J].岩石力学与工程学报,2005,24(7):126-129.
[49] 景宏君,张斌.黄土地区公路路基冲击压实试验[J].长安大学学报(自然科学版),2004(1):25-29.
[50] 王生新,韩文峰,谌文武,等.冲击压实路基黄土的微观特征研究[J].岩土力学,2006,27(6):119-123.
[51] 周志军,杨荣尚,任毅.非自重湿陷性黄土地区公路地基处理技术研究[J].中外公路,2007,27(4):191-196.
[52] 中华人民共和国行业标准.静力触探技术规则:TBJ 37—1993[S].北京:中国铁道出版社,1993.
[53] 中华人民共和国国家标准.岩土工程勘察规范:GB 50021—2001[S].北京:中国建筑工业出版社,2009.
[54] 中华人民共和国国家标准.建筑地基基础设计规范:GB 50007—2002[S].北京:中国建筑工业出版社,2012.
[55] 中华人民共和国行业标准.建筑地基处理技术规范:JGJ 79—2012[S].北京:中国建筑工业出版社,2012.
[56] 倪万魁,颜斌,刘海松.公路路基黄土非自重湿陷性评价问题[J].工程地质学报, 2007(04):513-520.
[57] 杨光华.地基沉降计算的新方法[J].岩石力学与工程学报,2008,27(4):679-686.
[58] 李广信.高等土力学[M].北京:清华大学出版社,2004.
[59] 郑大同,孙更生.软土地基与地下工程[M].北京:中国建筑工业出版社,1984.
[60] 赵明华.土力学与基础工程[M].武汉:武汉工业大学出版社,2002.
[61] ASAOKA A. Observational procedure of settlement prediction[J]. Soil and foundations,1978,4(18):81-101.
[62] 吕培印,杨锦军,陈伟.时间序列分析法预报建筑物地基沉降量[J].辽宁工学

院学报,1996,4(16):27-30.

[63] 刘勇健.用人工神经网络预测高速公路的软土地基的最终沉降[J].公路交通科技,2000,17(6):15-18.

[64] 石世云.多变量灰色模型MGM(1,n)在变形预测中的应用[J].测绘通报,1998(10):9-12.

[65] 龚晓南.复合地基理论及工程应用[M].北京:中国建筑工业出版社,2002.

[66]《地基处理手册》编写委员会.地基处理手册[S].北京:中国建筑工业出版社,1995.